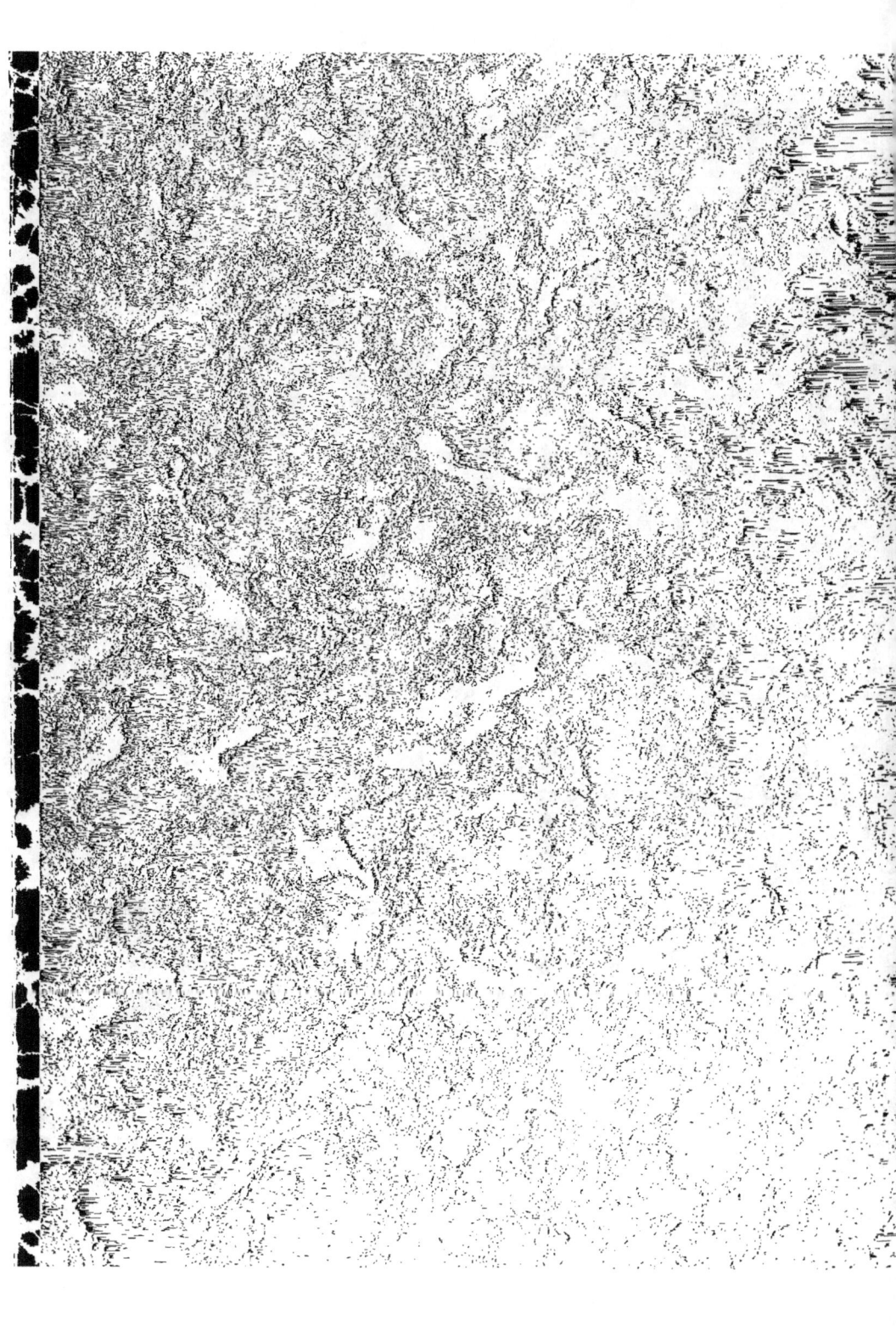

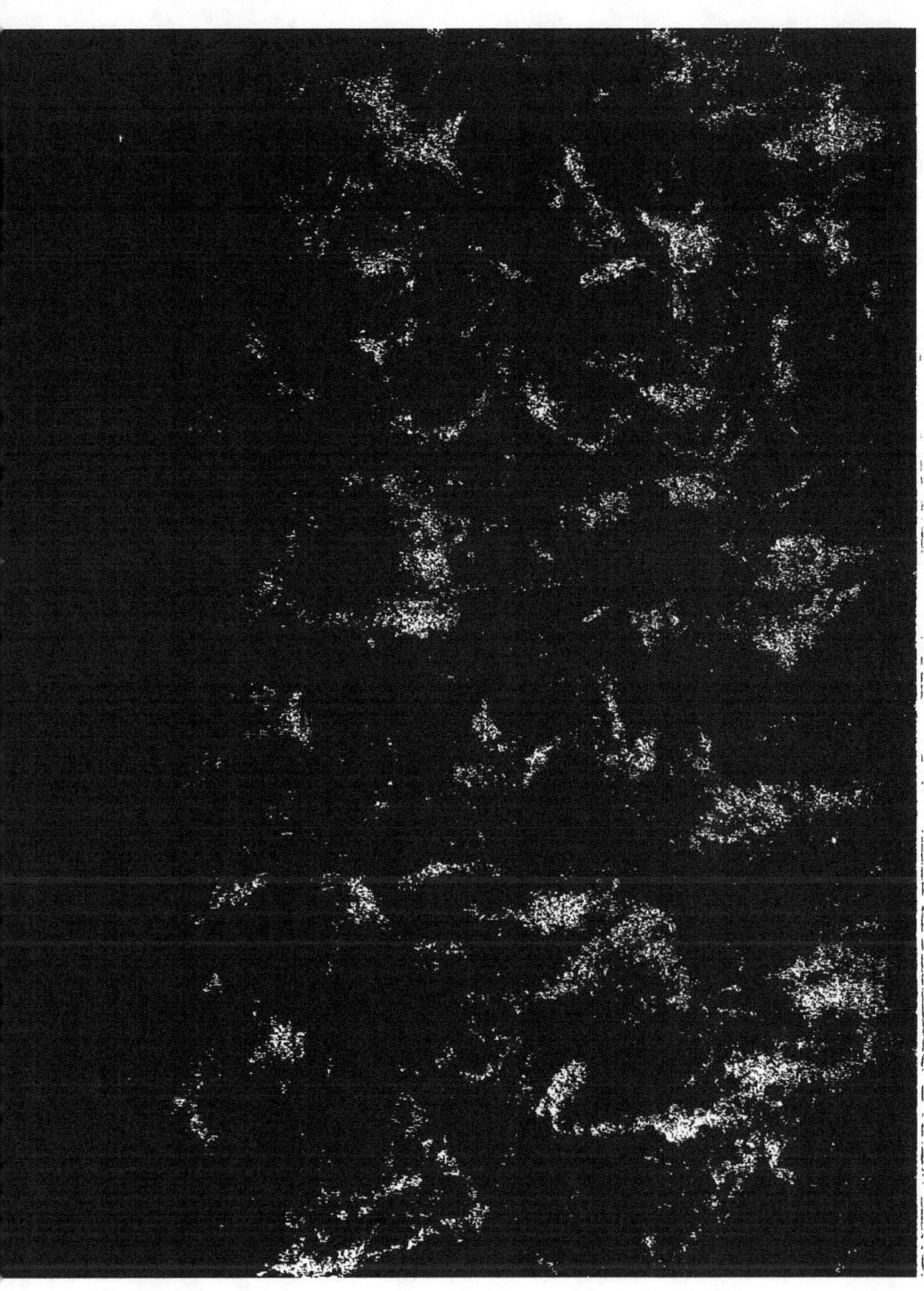

LES
ARTISTES
CONTEMPORAINS.

SALONS DE 1831 ET 1835.

PAR M. CH. LENORMANT.

Tome Premier.

PARIS.
ALEXANDRE MESNIER,
23, RUE LOUIS-LE-GRAND.

1833.

LES ARTISTES
CONTEMPORAINS.

LES
ARTISTES
CONTEMPORAINS.

SALON DE 1831.

PAR M. CH. LENORMANT.

Tome Premier.

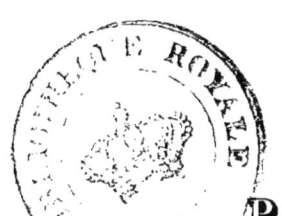

PARIS.
ALEXANDRE MESNIER,
23, RUE LOUIS-LE-GRAND.

1833.

PRÉFACE.

Le titre que j'ai donné à ce recueil (faute d'en trouver un meilleur) a l'inconvénient de promettre plus que le livre ne tiendra. En me restreignant, comme je l'ai fait, à l'examen des ouvrages exposés au Louvre en 1831 et 1833, je n'ai pu me flatter de comprendre dans mes études tous les *artistes contemporains*, et même j'ai dû renoncer à parler de plusieurs des hommes qui, après une longue et productive carrière, restent aujourd'hui la gloire et l'exemple de notre jeune école. Je ne suis pas non plus de ceux qui croyent que l'art se borne aux résultats des Salons ; son influence s'étend par une foule d'applications jusque dans les habitudes de la vie, et si j'avais tenu à être complet, je n'aurais pas dû laisser inexplorées une foule de ces ramifications.

Il suffira, je pense, que le lecteur soit bien prévenu, pour qu'il ne se méprenne ni sur le caractère ni la portée de cet ouvrage. Essayé par parties dans divers écrits périodiques, il doit, pour être ce que je veux qu'il soit, conserver l'empreinte d'une impression immédiate, d'une composition rapide, d'une véritable improvisation. Il faut que le temps aide à l'observateur, pour que ses remarques journalières se coordonnent en une opinion raisonnée et constante. Les ouvrages antérieurs à l'époque où nous vivons peuvent seuls donner matière à une étude aussi positive. Mais s'il s'agit de ce qui se produit au milieu de nous, sous l'influence des préjugés que nous ne pouvons nous dispenser de partager, nous aurions tort de croire à l'infaillibilité de notre jugement; la sincérité de nos impressions est tout ce que nous pouvons garantir. Le reste, dès le lendemain du jour où nous l'avons écrit, échappe à notre pensée, et nous sommes les premiers à nous relire avec curiosité, à rechercher en nous, après un court intervalle, le principe d'une manière de voir qui nous a souvent déjà passé.

Dans mon opinion, un bon Salon n'est ni plus ni moins qu'un bon journal de voyages. Il doit être exact, abondant et véridique : ce sont des matériaux qu'il faut léguer tout bruts à l'avenir, sans se flatter soi-même d'en tirer plus tard un meilleur parti qu'à l'heure présente. Avec un tel point de vue, et ne me faisant plus autrement d'illusion sur la pureté de mon jugement, je me suis imposé la loi de ne pas sacrifier mon opinion d'hier à celle d'aujourd'hui. Je me livre tout entier, avec les contradictions mêmes que le temps a amenées dans mes observations : si j'ai fait quelque progrès, soit dans le fond de mes jugemens, soit dans la manière de les exprimer, c'est au lecteur à l'apprécier, et non à moi de tâcher de le faire croire au lecteur. Je ne puis ni ne voudrais me flatter de mériter l'approbation de tous les artistes, mais j'espère au moins que ceux mêmes dont j'ai traité les ouvrages avec sévérité, comme ceux en faveur desquels j'ai laissé percer le plus de penchant, reconnaîtront qu'en fait de critique je ne connais véritablement pas d'amis, et que plus je montre de colère quand un homme de mérite me semble manquer à sa vocation et tromper l'espérance du public, plus j'éprouve de joie à pouvoir substituer les louanges aux reproches.

Ce qu'on avouera aussi sans peine en parcourant ces articles, c'est combien je suis étranger aux partis qui divisent aujourd'hui les arts. Je ne sais au fond ce que sont classiques et romantiques ; j'admets pour principe la nature, pour moyen l'imitation ; quant au résultat, comme je n'ai pas encore pu comprendre bien nettement pourquoi l'art existe, par quelle raison il plaît, et dans quel but l'homme s'y livre, on me permettra de laisser à la métaphysique (qui ne nous a encore rien appris à ce sujet) une recherche sans laquelle l'homme se permet de pratiquer l'art et d'en jouir.

PRÉFACE.

Le second des volumes qui vont suivre, ne contient absolument que l'analyse du Salon de 1833. Je me suis laissé aller à réimprimer à la suite du premier, un mémoire sur la peinture sur verre dont la composition remonte à 1828. J'avais cru en publiant alors ce mémoire, qui m'avait coûté de sérieuses recherches, avancer quelque peu l'intelligence d'une question dont on a recommencé à s'occuper depuis quelques années sans trop la comprendre; je le reproduis aujourd'hui pour lui rendre quelques chances de publicité.

Il me reste à remercier du fond de mon cœur les artistes qui ont bien voulu faire de ce recueil insignifiant et éphémère, une œuvre durable et digne d'être recherchée. Je ne pouvais recevoir une récompense qui me fût plus sensible de la sincérité de mes efforts, qu'en rencontrant chez tous ceux auxquels je me suis adressé, une obligeance, une promptitude, un raffinement de bonne volonté qui ressemble trop à de l'amitié et à de l'approbation, pour que je ne laisse pas à mon amour-propre la liberté de croire une partie de ce qu'il imagine. Les ouvrages qui paraissent avec mes anciens articles, soit en totalité soit par fragmens, sont aussi ceux auxquels j'ai, dans ma conscience, prodigué le plus de louanges : j'aurais eu la faculté d'en choisir d'autres, que je ne l'aurais pas fait : aussi dois-je avertir le lecteur de compter la composition de cet atlas au nombre de mes opinions les plus décidées. Les tableaux et sculptures que je reproduis ont paru aux Salons de 1831 et de 1833, à l'exception des *Pêcheurs d'Ischia* de M. Léopold Robert, dont l'apparition remonte à 1827. J'aurais voulu donner au moins un fragment des *Moissonneurs;* mais ce tableau, acheté par le Roi, a été dérobé à l'admiration du public et à l'étude des artistes depuis la clôture de l'exposition de 1831. Décidé à conserver Robert sur ma liste, et ne sachant où retrouver un ouvrage qui donnât dans le cadre étroit d'une vignette d'in-octavo l'idée du merveilleux talent de ce maître, j'eus recours à l'obligeance de M. Casimir Lecomte, un de nos amateurs les plus distingués, qui me permit de faire prendre un dessin des *Pêcheurs d'Ichia* qu'il possède. Je le prie de recevoir ici l'expression publique de ma gratitude.

Maintenant, s'il m'était donné de faire une distinction dans les remercîmens que je dois à l'élite de notre école *militante*, si je pouvais, sans offenser les autres, me dire plus redevable à celui-ci qu'à ceux-là, ma prédilection n'appartiendrait-elle pas à ceux qui, riches de leurs propres idées, et pouvant à aussi juste titre que qui que ce soit figurer dans cette galerie, ont consenti à s'annuler au profit d'une autre gloire que la leur, à se borner au rôle de traducteur, quand le titre d'inventeur leur est si unanimement déféré?

LES ARTISTES CONTEMPORAINS.

CHAPITRE PREMIER.

Le Louvre.

(25 janvier 1831.)

Il y a quelques jours, M. le directeur général des Musées a fait insérer dans les journaux un avis, pour annoncer l'ouverture du salon prochain au 1er avril 1831, et prévenir les artistes que leurs ouvrages seraient soumis, comme par le passé, à l'examen d'un jury dont on ne spécifie pas la composition, mais qu'on peut croire être le même que le conseil honoraire des Musées créé par une ordonnance de Louis XVIII. Cet avis doit exciter l'attention publique à plusieurs égards. Parlons aujourd'hui du local qu'on destine à l'exposition, c'est-à-dire du Louvre; le jury nous occupera ensuite.

Un homme d'une érudition solide et d'un goût éclairé, M. le comte de Clarac, a retracé d'une manière intéressante, dans l'introduction de son *Musée de Sculpture ancienne et moderne*, l'histoire du vieux château de Philippe-Auguste. Manoir purement féodal au douzième siècle, Charles V l'embellit, au quatorzième, de toutes les graces du style gothique : il y établit sa bibliothèque, et sa collection de vases précieux ; mais les successeurs de ce prince préférèrent à ce palais celui des Tournelles, et le Louvre ne reprit sa faveur que sous François Ier, qui commença à élever cette merveille de la renaissance dont Perrault si vanté n'a pu détruire toute la grace et toute la pureté.

Après les tentatives gigantesques, mais incomplètes, du siècle de Louis XIV, Napoléon voulut rattacher l'achèvement du Louvre à la gloire de son règne. J'engage mes lecteurs à lire, dans l'introduction de M. de Clarac, l'histoire des travaux que MM. Fontaine et Percier ont été obligés d'exécuter dans le Louvre, pour répondre à cette grande pensée, et pour faire de ce vieux monument un ensemble harmonieux, raisonnable et complet. Ils apprécieront, par ce moyen, les ressources et la portée de deux talens dont l'association doit être regardée comme une des plus heureuses dont l'histoire de l'art nous fournisse l'exemple.

A présent, nous avons un Louvre régulièrement distribué, blanchi, isolé, vitré, tout-à-fait digne de la destination que le gouvernement, de concert avec l'opinion publique, lui a donnée. Beaucoup de personnes qui n'ont pas étudié avec assez d'attention la disposition relative du Louvre et des Tuileries, et de la galerie qui unit ces deux palais, attachent une importance exclusive à l'achèvement du bâtiment parallèle du côté de la rue de Rivoli. Mais il faut remarquer d'abord que cette seconde galerie doit être d'un bon tiers plus courte que la première. Il faut penser aussi que le nouvel édifice une fois élevé accuserait d'une manière tout-à-fait fâcheuse la différence d'orientation des Tuileries et du Louvre, de façon à rendre immédiatement nécessaire la construction du bâtiment en forme de long clavecin, qui, dans le plan de MM. Percier et Fontaine, doit remédier à cette irrégularité. C'est donc là un projet qu'il faut suivre, et n'entreprendre que quand on aura la certitude d'en voir promptement le terme; sinon on devra se renfermer dans le perfectionnement intérieur du véritable et ancien Louvre; mais là aussi se rencontrent des difficultés dont le public ne se doute pas.

Il faut savoir d'abord que dans son projet d'achèvement du Louvre, Napoléon, fidèle à son système d'imitation de ce qu'on appelait encore le grand siècle, voulait faire de tout le premier étage du palais une enfilade d'appartemens de parade et de réception : David, Gérard, Girodet et Gros en auraient décoré les murailles, et le fidèle Denon y enregistrait déjà toute l'histoire guerrière et politique de l'Empire. La grande galerie restait consacrée aux chefs-d'œuvre de la peinture; le salon, aux expositions de l'école moderne; la galerie d'Apollon, aux dessins précieux. Mais là se bornait le domaine exclusif des arts, et l'habitation impériale interrompue à l'extrémité des Tuileries, recommençait au Louvre plus magnifique et plus spéciale que jamais. J'oublie d'ajouter que dans le projet d'ensemble on trouvait une chapelle (car on voulait alors des chapelles); une salle d'opéra tout auprès, autre tradition de la vieille cour, et bien vaguement encore la translation de la bibliothèque royale dans la galerie parallèle à celle des tableaux.

Ça été en quelque sorte un bonheur, que la restauration se soit trouvée trop pauvre ou trop peu généreuse dans ses vues pour suivre ce plan dans toute son étendue. L'opinion publique s'était montrée sensible à la perte des chefs-d'œuvre des arts ; on crut la flatter en contribuant à réparer cette perte ; on avait moins de richesses et l'on voulut couvrir plus de terrain. De là, l'empiétement progressif du rez-de-chaussée et du premier étage du palais, empiétement qui mettait dans une si furieuse colère, et le gouverneur du Louvre, chaque jour plus restreint dans son simulacre d'autorité ; et les officiers de la couronne qui, logés à l'étroit aux Tuileries, rêvaient au Louvre de vastes et splendides appartemens. Les débris profanes du Musée des Petits-Augustins furent rassemblés d'un côté, et formèrent ce qu'on appelait le Musée d'Angoulême.

Le Musée Charles X renferma les collections de Salt, Durand et autres, prémices d'un Musée d'antiquités plus riche, et surtout plus accessible que celui de la bibliothèque du Roi. On commença une série intéressante de plâtres moulés sur les débris de sculpture antique dispersés dans toutes les collections de l'Europe, un dépôt des vases, des émaux, des armes, des peintures sur verre, productions admirables et trop négligées de l'art français au seizième siècle; on fit même un musée naval, ramas indigeste de modèles de construction maritime utiles seulement dans les ports, de plans en relief d'armes et d'habits de sauvages, de fétiches indiens, et de débris des naufrages de Lapeyrouse, bien étonnés sans doute de loger avec la *Belle Jardinière* et la *Vénus de Milo*. Quoi qu'il en soit, la tendance des choses était à rendre le Louvre purement et uniquement un dépôt d'objets d'art de tout temps et de toutes formes. *La commission des hautes études ecclésiastiques,* le gouverneur, voire même le conseil d'état, n'étaient pas de telles puissances qu'on ne pût espérer de les faire déloger un beau matin avec le reste de la cour. Je dois dire, pour rendre hommage à la vérité, que la direction des Musées a suivi dans ces dernières années la petite guerre dont je viens de développer les causes, avec une persévérance et une fermeté qui n'ont pas été, comme on voit, sans de bons résultats.

Or, derrière le gouverneur, derrière la cour, se trouvait en opposition au projet de la direction des Musées... Qui? le devinera-t-on? l'architecte lui-même. Oui, ce restaurateur du Louvre n'avait pu renoncer au projet d'en faire une résidence impériale ou royale. C'est dans ce but que la division en appartemens d'habitation n'avait pu être abandonnée, même dans les parties qu'on destinait exclusivement aux collections publiques : c'est ce qui explique ces chambranles, ces glaces et ces clôtures multipliées que le public regardait avec un si curieux ébahissement à l'ouverture du Musée égyptien. Aujourd'hui l'architecte du Louvre jouit, de la part du souverain, d'une grande confiance, méritée, il faut le dire, par un talent et un caractère peu communs : aussi, j'ai honte et regret de l'ajouter, les projets impériaux ont repris une nouvelle faveur.

On parle beaucoup, et avec raison, de l'achèvement du Louvre ; mais on ne s'explique pas sur la manière dont on veut l'achever. Or, sait-on ce qu'indiquaient les circonstances présentes et les exigences de notre nouveau gouvernement? Le Louvre est, plus que tout autre, un monument national ; la jouissance en devait revenir immédiatement à l'état. Le 29 juillet, le gouvernement provisoire appela les artistes à la défense du Musée ; c'était comprendre quels étaient, au fond, ses protecteurs naturels et ses véritables propriétaires. En déclarant le Louvre propriété publique, et en le plaçant sous la sauve-garde de la nation, on intéressait bien plus vivement Paris et la France à l'achèvement de ce monument admirable. Croit-on que jamais chambre eût refusé des fonds pour des travaux aussi populaires? Le gouvernement eût donc trouvé un crédit suffisant, et pour l'acquisition de collections nouvelles, et pour l'augmentation de celles qui existent déjà. On eût vu disparaître cette fiction presque ridicule qui remet au souverain, et sur inventaire, les objets d'art, propriété de l'état, avec la condition expresse de n'en disposer ni par vente, ni par échange; en sorte que l'administration se voit privée du moyen par lequel les autres Musées de l'Europe s'enrichissent mutuellement sans se livrer à de nouvelles dépenses.

Il existe une moitié de collection d'antiquités au Louvre, une autre à la bibliothèque du Roi: en réunissant sous la même main l'administration supérieure de ces deux établissemens, on aurait opéré sans difficulté un rapprochement qui seul pourrait faire valoir aux yeux des étrangers nos richesses. Peut-on s'imaginer que l'abandon de mesures aussi simples soit le fruit de la persévérance peu raisonnée d'un seul homme dans des plans qui ne sont plus de nos idées ni de nos mœurs?

Lisez pourtant le projet de loi de la liste civile, vous y trouverez le palais du Louvre compris au nombre des dotations de la couronne; même remise que par le passé des objets d'art au souverain; il y a plus, confusion de la collection particulière du prince avec celle de l'état: rien n'y manque pour rendre le plus étranger que possible au peuple ce qu'on va entreprendre de travaux au Louvre, et pour faire oublier aux masses que ce que le Louvre renferme leur appartient. Or le peuple, dans les journées de Juillet, n'a rien pris de ce qu'il savait être sa propriété; il a pillé les armoires du Louvre, comme les robes des dames d'honneur et les uniformes des gentilshommes de la chambre. Le peuple aurait fait lui-même la garde et la police, s'il avait cru qu'un intérêt national fût attaché à la conservation des objets d'art: mais le raisonnement était trop fort pour lui, surtout avec le nom de Charles X sur la porte : faites donc aujourd'hui que ce raisonnement soit accessible au peuple, puisque votre force unique, mais immense, c'est le raisonnement.

Ne joignez pas surtout aux inconvéniens du château ceux de la forteresse; ne nommez pas un gouverneur, pour que le matin d'une émeute il transforme en meurtrières toutes les fenêtres d'un Musée : car de ce parc d'artillerie dans la cour, de cet état-major, de ces galeries changées en casernes, de ces marbres ébranlés par la crosse des fusils, de ces colonnes ternies par le frottement des baïonnettes, je n'en parle que comme de circonstances tout-à-fait passagères, et auxquelles le ministère s'empressera de remédier. Il serait curieux que ce fût le gouvernement constitutionnel qui rendît son caractère barbare et bruyant à un édifice considéré depuis long-temps comme la demeure paisible des arts.

J'ai voulu principalement dans ce chapitre faire comprendre l'inconvénient qu'il y aurait à laisser le Louvre parmi les dotations de la couronne. On verra, dans les suivans, quelles seraient les conséquences fâcheuses de cette affectation, pour l'exposition bisannuelle des ouvrages des artistes vivans.

CHAPITRE II.

Bruits sur l'ouverture du Salon.

(26 janvier.)

On ne peut nier que la France ne soit encore le pays au monde où l'on s'occupe le plus de peinture. Il est des momens où Paris tout entier, et avec Paris l'élite de la province, agitent les questions de la théorie des arts avec autant d'ardeur qu'on en met d'ordinaire aux discussions politiques : seulement ces accès, que l'ouverture du salon détermine, sont aussi rares que bruyans; et l'administration, je ne sais trop pourquoi, s'arrange pour les rendre plus rares encore : l'administration, à cet égard, roule depuis long-temps dans un cercle vicieux.

A l'époque où la fièvre artistique n'avait pas acquis la même intensité qu'aujourd'hui, une exposition bisannuelle suffisait à l'impatience des peintres et à la curiosité du public. La paix et les loisirs de la restauration ayant jeté une plus grande part de la société dans les superfluités de la vie, il en résulta une progression dans le nombre des tableaux et dans l'affluence des amateurs. De là aussi l'extension croissante du local, de la durée de l'exposition, et par conséquent l'accroissement des dépenses. Or, comme on s'obstinait à ne pas proportionner les prévisions à cet accroissement, l'intervalle des expositions s'est successivement, et sous différens prétextes, agrandi; et par cela même que le public se montrait plus curieux de tableaux, le salon, de bisannuel qu'il était, est devenu trisannuel. Les artistes ont fait beaucoup de réclamations, et, selon nous, de bien fondées : ils ont dit que leur réputation, leur avenir, leur vie, dépendant des succès de salon seulement, il y avait de la cruauté à leur ravir les moyens de réparer presque immédiatement des échecs d'autant plus éclatans que les expositions étaient plus rares et plus solennelles; ils ont cité l'exemple de Londres, qui s'arrange à merveille d'une exposition annuelle, peu nombreuse, courte, et qui ne dérange guère les peintres de leurs occupations. A Paris, au contraire, le tumulte et la longueur des salons sont tels, qu'il faut que le peintre renonce en quelque sorte à six mois d'atelier. Que si l'effet des tableaux exposés ne répond pas à son attente, que si le découragement se glisse dans son ame, il faut ou briser sa palette, ou languir trois ans encore dans une attente qu'une seconde chute peut cruellement payer : ce sont là des chances beaucoup plus fatales au talent qu'à la médiocrité; car la médiocrité est égale et patiente; le talent, à notre époque surtout, est le plus souvent inquiet, intermittent et déraisonnable.

Je me rappelle avoir lu un jour dans le *Moniteur*, que l'administration, cédant aux vœux des artistes, avait décidé que les expositions seraient à l'avenir annuelles ; c'est depuis cette époque (il y a trois ans, notez bien !) que le dernier salon a été fermé. Celui qu'on nous promet sera séparé du précédent par un intervalle de près de quatre années ; mais nous ne le tenons pas encore ; *il y a des réclamations :* personne n'est prêt, et beaucoup de gens sont pris au dépourvu. Ceci n'est point une plaisanterie ; je ne fais que rapporter les propos que j'ai entendu tenir aussi sérieusement que je les redis.

On n'est pas disposé, dit-on : je le comprends à merveille : il y a bien des gens qui parlent et qui seraient bien fâchés d'être pris au mot. Quel est l'homme d'un peu de valeur, dites-moi, qui s'est trouvé jamais prêt pour l'ouverture du salon? Il faut arriver à son temps, ramener l'attention du public blasé, faire sa pointe, son coup de foudre. Les gens qui demandent aujourd'hui une nouvelle prorogation, ne seraient pas plus disposés à paraître au 1er septembre qu'au 1er avril; espérons que leurs réclamations intempestives resteront sans effet.

CHAPITRE III.

Exposition du Louvre. — Jury. — Académie des Beaux-Arts.

(22 mars.)

Dans le premier chapitre, nous nous étions proposé de revenir sur l'organisation actuelle du jury qui préside à l'examen des ouvrages qu'on présente aux expositions du Louvre. Il paraît que l'administration elle-même a prévenu nos observations, en déclinant, quant à ce qui la concerne, toute responsabilité de l'examen ou du rejet des ouvrages présentés. S'il fallait en croire les bruits qui ont circulé à ce sujet, l'administration se rait montrée plus libérale que les désirs des artistes, et aurait proposé à l'autorité (quelle autorité? c'est ce qu'il est difficile de comprendre dans le chaos où sont restés les établissemens de la liste civile); aurait proposé, disons-nous, de confier la police du salon à un jury choisi par les artistes exposans ou prétendant à le devenir.

A vrai dire, il ne se peut rencontrer au monde

rien de plus radical qu'une semblable proposition, et les partisans du suffrage universel auraient de quoi se réjouir d'avoir trouvé un écho à leurs opinions favorites dans un coin obscur de l'administration. Pour ma part, je me réjouissais d'avance de l'expérience qu'on allait risquer sans danger pour la sûreté de l'état, et je me complaisais à l'idée de me glisser dans un coin pour étudier la lutte des *hustings* de la peinture. Malheureusement l'autorité n'a pas été si généreuse que l'administration des Musées : des objections ont été élevées contre ce concours de juges inconnus, qu'une prétention ridicule ou simulée aurait suffi pour constituer; on a demandé à l'organisation actuelle de notre gouvernement, de fournir une base quelconque pour la formation du jury, et, comme de raison, on n'a trouvé d'autre base possible que l'inévitable Institut. Il paraîtrait donc que la composition du jury d'admission serait confiée à l'académie des beaux-arts, qui désignerait, pour en faire partie, ses propres membres, ou d'autres artistes pris hors de son sein. Il y a loin, comme on voit, du suffrage universel à cette concentration nouvelle d'un monopole si vivement attaqué.

Beaucoup de gens sont disposés à croire que

les académies, comme beaucoup d'autres choses, sont près de leur fin. Je ne vois pourtant pas qu'aucun talent distingué ait refusé jusqu'à ce jour d'entrer dans une académie, ce qui serait le signe le plus certain de décadence : nous trouvons au contraire et au premier rang, une académie dont les travaux intéressent le monde tout entier, dont la distribution répond à tous les besoins de la science, dont les séances sont l'objet d'une louable et universelle curiosité. Si les autres académies n'excitent pas le même intérêt, à quoi faut-il s'en prendre de cette différence, si ce n'est à l'organisation qui les régit et à la manière imparfaite dont elles répondent au but de leur institution? Sous ce rapport, l'académie des beaux-arts est la plus mal construite, celle contre laquelle se sont élevées les plaintes les plus fondées et les plus nombreuses.

Sous l'ancien régime, il existait une académie royale de peinture et de sculpture, et une autre d'architecture seulement. La première, antérieure en date, avait été fondée sur le modèle de plusieurs académies italiennes, et particulièrement de celle de Saint-Luc, dont il existait précédemment en France une pâle copie. Le nombre des membres de l'académie de peinture était illimité; on s'y faisait admettre sur la présentation d'un seul ouvrage, et une fois entré, on suivait une hiérarchie qui conduisait successivement au grade de professeur, et à la charge de recteur, la plus élevée de l'académie. Il y avait dans cette organisation un avantage incontestable, c'est que l'intrigue ne pouvait guère agir sur la première admission, généralement peu contestée. Aussi quelles que fussent les brigues qui s'agitaient dans le sein de l'académie, il était difficile que le talent demeurât exclu de ce corps; et, ce qui était plus important encore, c'est qu'il y était admis dès qu'il avait produit une preuve suffisante de sa capacité. On cite pourtant des exemples de dégoûts dont plusieurs artistes furent victimes à leur entrée dans la carrière. Lepautre, sculpteur d'un grand mérite, dont on voit deux beaux groupes dans le jardin des Tuileries, ne voulut jamais revenir sur un premier refus qu'il avait éprouvé à l'académie de peinture, et resta fidèle à l'obscure académie de Saint-Luc, dont il faisait précédemment partie. Or, cette dernière corporation, à laquelle Lesueur avait prêté l'éclat de son nom, bornait ses rapports avec le public à de modestes expositions sur la place du Châtelet.

On voit, par tout ce qui précède, que les académies, celle du Louvre comme celle du carrefour, avaient pris racine dans les anciens corps de métiers, et retraçaient les principaux traits de l'organisation de ces corps. Quant à l'influence qu'elles ont produite, nous sommes loin d'en penser tout le mal qui leur a été attribué. La décadence des arts sous le règne de Louis XIV, comme leur imparfaite restauration dans les dernières années du dix-huitième siècle, tiennent à des causes bien plus graves que la fondation ou la chute d'une académie. Tous ces maîtres inconnus dont les compositions naïves ou profondes, répandues sur les murs des cathédrales gothiques ou des palais de la renaissance, nous ravissent d'une juste admiration, faisaient en général partie de confréries bien autrement *asservissantes*, comme on dirait aujourd'hui, que ne l'ont jamais été l'académie de peinture ou l'Institut. Il semble à certaines personnes que toute volonté étrangère à l'art soit un obstacle insurmontable à l'essor du génie; point de plan auquel on obéisse, point de sujet qu'on se laisse commander; des inspirations sans règle, sans but et sans motif, voilà ce qu'il faut attendre les bras croisés, à peine qu'on vous traite d'ennemi barbare de l'intelligence. Sur ce point, le génie est intraitable; il est partisan furieux du système *de la non-intervention* dans ses affaires.

Liberté donc à tous les singes d'Hoffman; mais si nous sommes gouvernement, comme on dit, tâchons de rencontrer des talens aussi traitables que Dominiquin, Rubens, ou même Raphaël. C'est un texte commode pour les amours-propres souffrans, que les tribulations du génie; mais en faisant, dans cette triste histoire, la part aussi large que possible aux défauts de l'espèce humaine, ne grossissons point hors de propos le bagage particulier des gouvernemens ni des académies.

La révolution renversa, avec tous les priviléges, ceux des grandes et petites académies; et comme elle fit presque toujours, après avoir frappé au cœur de vieilles institutions, elle leur substitua bientôt des institutions plus compactes, plus exclusives et plus tyranniques dans leur résultat. L'Institut, tel qu'il est constitué aujourd'hui, est encore un reste de la législation robuste et draconienne de la Convention. Vint l'Empire, qui le couvrit, comme tout le reste, de sa livrée. Il est donc facile de comprendre en quoi ce produit de deux régimes auxquels nous devons pourtant presque tout ce que nous sommes, se trouve aujourd'hui en contradiction avec la marche progressive de l'opinion.

L'idée principale qui a présidé à la fondation de l'Institut, repose sur une donnée arbitraire en principe et fausse dans l'application : c'est la liaison et l'intérêt commun de toutes les productions de l'intelligence. Autant dire que l'inventeur de la machine à vapeur et le peintre de *la Transfiguration* ont procédé par les mêmes lois, ou que le principe de la réunion des classes de l'Institut réside dans l'unité de composition du cerveau humain et dans l'analogie de ses diverses fonctions. Aussi *l'idéalisme* qui avait présidé à la formation de l'Institut, n'y exerça-t-il qu'une courte et faible influence : les antipathies se prononcèrent en dépit de la théorie ; le partage des applications de l'intelligence se fit sans bruit, et par la seule force des choses ; le lien commun devint une simple fiction de la loi ; et les académies qui n'avaient pas le bonheur d'être régies par un principe homogène de composition furent réduites à se dévorer dans la lutte intérieure des directions d'idées et d'intérêts. Grace à cette combinaison d'élémens contradictoires, de toutes les académies, celle des beaux-arts a été sans contredit la plus incomplète, pour ne pas dire davantage, dans ses résultats.

Le pire de la chose, c'est que, forcé qu'on était de concentrer dans un seul corps toutes les formes de l'art (je ne conçois pas pourquoi, faisant tant que de mettre ensemble la musique et la peinture, le législateur faisait une classe à part de l'art de la poésie), le nombre des membres de chaque section fut d'abord réduit à une proportion ridiculement mesquine et exiguë. Il en est résulté que depuis la fondation de l'Institut, chacune des sections de l'académie des beaux-arts a offert, presque sans aucune exception, le singulier spectacle d'un nombre de capacités en dehors de la corporation privilégiée, au moins égal à celui qui figurait dans son sein. A un pareil résultat continué pendant trente ans, il n'y a ni loi ni prétention qui tiennent.

Conclusion : Nous ne sommes pas en temps favorable pour improviser de nouvelles académies; on rétablirait les anciennes, que tout le bien qu'on pourrait attendre de leur organisation serait étouffé en peu de temps sous les inconvéniens d'une forme vieille et sans rapport convenable avec nos institutions présentes. Nous demanderions qu'on supprimât l'Institut, qu'on ne nous écouterait guère, et que surtout nous serions fâchés d'être écoutés, tant l'esprit du siècle a restreint le nombre des asiles de la science et des ressources du talent.

Mais il est un moyen fort simple de remédier aux vices d'organisation de l'académie des beaux-arts, et que les meilleurs esprits ont souvent indiqué. C'est de faire de chaque section un noyau autour duquel puisse se grouper un nombre d'agrégés assez grand pour qu'aucun talent d'élite ne soit exclus, et que les attributions communes du corps se partagent à raison des spécialités entre les sections ainsi augmentées. Par ce moyen, les liens généraux des diverses parties de l'académie passeront à l'état de fiction, d'honneur et de politesse, le seul désirable et le seul désormais possible.

CHAPITRE IV.

Coup-d'œil général.

(4 mai.)

Comme on doit s'y attendre, et malgré les avis insérés dans les journaux, tous les ouvrages qui paraîtront cette fois n'ont pas encore pris leur place. Tel tableau annoncé depuis si long-temps s'est égaré sur les routes de l'Italie; tel autre, montré en ébauche au jury, ne sera vu du public qu'après avoir été achevé; or nous croyons plusieurs de ces ouvrages assez importans pour captiver l'attention générale aux dépens de presque tous les autres. Chacun sait aussi que rien n'est plus étourdissant que ce conflit d'impressions simultanées, où l'objet le plus apparent l'emporte souvent sur le plus digne. Nous pouvons néanmoins constater en fait la diminution considérable du nombre des tableaux d'histoire : sans doute certains sujets commandés par le dernier gouvernement, ou destinés à flatter ses inclinations, sont restés au fond des ateliers. Plusieurs maîtres habiles, au nombre desquels je citerai MM. Cogniet, Alaux, Heim, Drolling, Picot, ont dû se livrer presque exclusivement aux travaux d'embellissement du Louvre; mais la retraite des grandes machines, et celle du classique intraitable, n'en sont pas moins certaines. Sur ce dernier point, c'est une vraie débandade: tel peintre qu'on avait crû devoir tenir bon jusqu'à la fin, se reconnaît à peine aujourd'hui sous la perruque romantique dont il s'est affublé. Quatre vaillans champions font seuls vigoureusement tête à l'orage. M. Granger combat pour le dessin tout cru, sans couleur; M. Forestier, pour l'élégance académique ; M. Lancrenon recommence les erreurs de Girodet à la fin de sa carrière, et M. Dassy nous donne des contre-épreuves remarquables de l'école romaine. Quel que soit l'incontestable mérite de ces différens ouvrages, il faudrait un tableau d'histoire de M. Ingres, pour que le classique suppléât au nombre par le talent de ses défenseurs.

Voilà pour l'extrême droite. Très près de là, nous trouvons M. Lethière, avec son immense page de *Virginius*, romantique d'il y a trente ans; M. Caminade, auteur d'une *Adoration des Mages* qui aurait mérité le prix du salon de 1817; et M. Orsel, dont le *Moïse apporté à Pharaon* obtiendra à Paris plus de succès encore qu'à la dernière exposition du Capitole.

Les Romains sont en force; à leur tête continuent de marcher MM. Schnetz et Robert: la *Madonna della consolazione*, du premier de ces artistes, sera regardée par beaucoup de personnes comme le meilleur ouvrage du salon. M. Robert n'a encore envoyé que deux petits tableaux; mais l'un d'eux est si touchant d'expression, si vrai et si noble d'ajustement, qu'il n'en faut pas plus à M. Robert pour balancer l'effet des plus brillantes compositions. M. Larivière, dont on a remarqué *la Peste sous Nicolas V*, à l'exposition des envois de Rome, occupe une place distinguée dans l'école qui, à défaut de Raphaël ou de Léonard de Vinci, veut nous rendre les beautés mâles de l'Espagnolet et du Valentin. M. Vauchelet a pensé au Guide; M. Bouchot au Baroche; M. Debay fils à M. Lethière. M. Steuben n'a guère pensé qu'à Napoléon. Le *Retour de l'île d'Elbe* assure d'avance à cet artiste le succès populaire qu'il ambitionne.

M. Monvoisin figure au premier rang sur les bancs de la défection : son *Sixte-Quint*, brillant de moire et de velours, le lavera amplement de certains péchés classiques auxquels il s'est montré autrefois enclin. La peinture a son Agier; nous aurions voulu nommer son *Châteaubriand:* mais M. Cogniet n'a envoyé que des tableaux de genre. Ils suffisent néanmoins pour qu'on s'aperçoive que M. Cogniet a passé au centre gauche.

Ici nous retrouvons M. Horace Vernet avec les tableaux que tout le monde a déjà vus au Luxembourg, et une *Arrestation de Cinq-Mars* pour la galerie du Palais-Royal, que bien des gens préféreront aux inspirations du ciel de Rome. M. Delaroche, dont on attend le *Cromwell* avec impatience, nous donne en attendant *Édouard V et son frère dans la Tour de Londres,* et deux tableaux de genre, dont le succès sera immense, *Richelieu sur le Rhône,* et *les Derniers jours de Mazarin.*

Les hommes du mouvement paraissent s'être arrêtés avec le succès; ce n'est plus à la foule qu'ils s'adressent, ils semblent au contraire avoir fait de louables efforts pour gagner les artistes et les amateurs; la *Barricade* de M. Delacroix ne fait pas un moindre effet au salon qu'à l'atelier. M. Devéria préfère toujours un peu trop l'habit à l'homme même; M. Sigalon paraît s'être concentré dans des études consciencieuses et solitaires sur les maîtres larges et hardis, tels que

Rubens et le Guerchin. M. Champmartin courtise l'ombre de Lawrence; M. Decaisne, par sa *Mort de Louis XIII*, a cherché à prendre un rang honorable entre les peintres d'histoire; M. Scheffer aîné nous montre encore une fois à quel point l'esprit et le sentiment peuvent suppléer à de mauvaises pratiques, sous le rapport de l'art, et faire oublier des imperfections de détail. M. Léon Cuny, dont nous ne connaissons que des pastiches de l'école espagnole, débute dans le sérieux par une grande page pleine de talent.

Nous ne nous flattons pas d'avoir signalé, à une première vue, les noms remarquables de l'école historique; à plus forte raison indiquerons-nous à peine les productions les plus saillantes du genre et de l'histoire. Les essais de marine sont moins nombreux qu'au dernier salon. MM. Gudin et Eugène Isabey paraissent destinés à se livrer cette fois une lutte corps à corps, où je ne souhaite pas qu'il reste un vaincu. M. Roqueplan suit de près les deux jeunes antagonistes; on remarquera aussi de bons ouvrages de MM. Garneray et Gilbert. MM. Jolivard, Giroux et Gué figurent en tête du paysage portrait; M. Aligny a exposé un paysage composé fort remarquable. MM. Bidauld et Bertin feraient bien de mettre aux leurs le millésime de 1810. Les Granet figurent presque pour mémoire. En revanche, M. de Forbin a exposé des intérieurs qu'on peut regarder comme ses meilleurs ouvrages. Il y a aussi dans ce genre de jolis tableaux de MM. Bouhot, Gassies, Lesaint et Dejuinne. Après les compositions anecdotiques que j'ai citées, je dois nommer les ouvrages de MM. Eugène Lami, Roger, Alfred et Tony Johannot. Plusieurs des tableaux de la galerie d'Orléans se rapportent à cette catégorie, tels que le *Cardinal de Retz,* de M. Scheffer aîné ; d'autres, comme la *Mort de Richelieu,* de M. Drolling, se recommandent par des qualités d'un ordre supérieur. J'oubliais de dire que M. Drolling appartient presque à la défection. Les scènes familières sont aussi nombreuses que les tableaux anecdotiques : ici la richesse de l'école est vraiment très grande ; il suffira de citer les tableaux de MM. Beaume et Pigale, les Greuse de M. Destouches, et les Lenain (fort beaux pour des Lenain, ma foi !) de M. Decamps. J'appellerai, pour terminer cette nomenclature fort incomplète, l'attention des amateurs sur une belle *Vue de Paris* par M. Dagnan, sur *Le 28 Juillet* de MM. Beaume et Mozin, et sur une *Vue de la grande place de Vicence,* par M. Perrot, où l'on retrouve quelques unes des qualités de l'inimitable Canaletto. Il y a peut-être des ouvrages supérieurs à ceux que j'ai nommés, mais je ne les ai pas vus, ou ils n'étaient pas encore exposés.

La sculpture demande un examen plus sérieux ; je ne hasarderai donc aucun jugement ; mais je ne puis m'empêcher de citer d'avance un groupe de M. Barye, réprésentant un tigre qui dévore un crocodile ; la vérité de ce morceau est telle, qu'on se sent poursuivi, après l'avoir vu, par une odeur de ménagerie. Nommons aussi d'avance M. Moine, dont le début dans la sculpture anecdotique fera presque oublier celui de mademoiselle de Fauveau au dernier salon.

CHAPITRE V.

Sculpture.

Il faut de la vertu en France pour songer seulement à devenir statuaire ; c'est se résigner d'avance à ne travailler que pour sa propre satisfaction, chose insupportable, je pense, à presque tous les artistes de nos jours. Consumez donc votre jeunesse à barbouiller vos doigts de terre glaise, ou à promener la lime sur un marbre comme un fabricant de cheminées, pour qu'en fin de compte trois ou quatre amateurs ébahis vous régalent de lieux communs auxquels vous ne comprenez qu'une chose, c'est que rien n'a été compris de ce que vous avez voulu faire.

La sculpture, chez nous, est une langue qu'un certain nombre de personnes seulement se soucie d'apprendre, et que toutes à peu près parlent différemment. Le seul point sur lequel on s'entende est celui de la forme prise abstractivement, comme imitation pure et simple de telle ou telle partie de la nature. Il est là dessus un accord ou plutôt une convention de l'école à laquelle vous pouvez vous adresser avec confiance, pourvu toutefois que vous ne sortiez pas de la donnée reçue. Quant à la composition, à part certains rapports presque géométriques sur le balancement des membres, il serait difficile de dire en quoi consiste la poétique des écoles modernes de sculpture. Si donc vous remontez à l'époque où Pigalle voulut révolutionner la statuaire avec les idées du dix-huitième siècle, et où la sympathie publique, à tort ou à raison, se prononça vivement en faveur des nouvelles idées, vous ne trouverez plus, du moment où le prétendu bon goût reprit son empire, qu'une histoire monotone et obscure de cette partie de l'art, des opinions pédantes, des préjugés d'imitation insurmontables, des ouvrages frappés de mort à leur naissance.

Les successeurs immédiats de Pigalle, plus simples et souvent plus habiles que lui, étaient portés presqu'à leur insu par le mouvement qui avait voulu donner à la sculpture un caractère actuel, et la placer dans nos mœurs. Il en est résulté des ouvrages que nous recommençons à admirer, et qui ne feront désormais que grandir dans l'opinion des artistes; le *La Fontaine* de Julien, le *Voltaire*, le *Saint Bruno*, le *buste de Gluck*, par Houdon. La révolution, avec son imitation forcenée et inintelligente de l'antique et son outrecuidance de réforme, détruisit cette belle école de sculpture moderne à laquelle nous ne sommes pas encore revenus. De 1799 à 1820, vous traversez un désert dont quelques productions gracieuses de Chandet, de Calamard et de Bosio, quelques bas-reliefs de Moitte d'un caractère grandiose et sévère, et les beaux et méconnus ouvrages de Roland, ne suffisent pas à peupler la nudité.

Le mouvement qui s'est prononcé depuis dix ans, quoique peu apprécié par le public, n'en a pas moins été réel et louable. Soit que l'étude toute nouvelle des sculptures du Parthénon révélât aux artistes le sens véritable de l'antique, soit que l'opinion qui protestait contre l'abus de l'idéal en peinture se fît jour dans l'atelier des statuaires, soit enfin que l'appréciation de ce qui manquait à Canova, sous le rapport de l'étude de la nature, offrît à nos artistes une voie de succès autre que celle de ce grand maître, des morceaux d'une sculpture plus forte, plus accentuée ou plus vivante, signalèrent les dernières expositions. MM. Roman, Nanteuil, Cortot, et surtout M. Pradier, se sont fait dans cette route une belle réputation d'école. Un homme qu'ils reconnaissaient pour leur émule a porté son ambition plus loin : il a voulu révolutionner la composition en même temps que l'exécution ; le monde restait encore indifférent au grand art de la statuaire ; il l'a pris corps à corps, comme pour lui faire rendre compte de son indifférence. On a nommé M. David.

Mais ce n'est pas en homme inexpérimenté, amoureux seulement de bruit et de changement, que M. David a entrepris la révolution de la sculpture : maître déjà dans l'école, nourri par une étude profonde et persévérante des modèles de tous les temps, il s'est bien gardé de rejeter, pour plaire à la foule, ces précieux avantages d'un talent fait et d'une expérience acquise ; c'est même une chose curieuse de voir les amis de M. David, les plus exaltés dans les idées de la réforme, l'entourer, l'aduler, le tirer à eux de toutes leurs forces. Lui, toujours calme et réfléchi, comprend fort bien que si l'on perd à demeurer stationnaire, on se fourvoie aussi dans les routes aventureuses du changement. Voyez-le se mêler au monde sans épouser ses manies, saisir la physionomie de l'époque, mais la traduire en ancien, sachant sans doute qu'il travaille sur un temps de politique et de réalité, mais n'oubliant pas aussi qu'il travaille en marbre, et pour d'autres temps que le nôtre.

Le monde a donc adopté M. David; cela ne fait pas que le monde aime encore la sculpture, j'en ai dit les principales raisons; j'en sais une autre plus forte, mais il n'est peut-être pas encore temps d'en parler. Les gens du métier me comprendront seulement, s'ils m'entendent louer M. Dumont d'avoir coloré légèrement en vert les roseaux qui couronnent sa *Leucothoé*, et d'avoir différencié autant par le ton que par le travail les chairs et les cheveux de cette figure. Qu'on se représente maintenant ces premières indications, si timides encore, assez fortement marquées pour que l'œil soit frappé des oppositions qui existent, dans la nature, entre les draperies et les carnations, les cheveux et les bijoux; qu'on saisisse aussi le jeu de la prunelle autrement que par un cercle creusé dans le marbre, que la nature ne donne pas: croit-on que la finesse du modelé, l'onduleuse mollesse des contours, la gracieuse expression des traits, perdent quelque chose à ces embellissemens? Mais silence! j'allais blasphémer, en désirant que les statues de nos jours ressemblassent moins à des spectres blafards qu'à la *Vénus* de Praxitèle ou au *Jupiter* de Phidias.

Que les amateurs plus classiques que les anciens eux-mêmes se rassurent : ils ne verront à l'exposition guère moins de plâtre et de marbre blanc qu'à l'ordinaire. Après tout, c'est de la pure démocratie : tous les noms académiques, sans exception, ont manqué à l'appel. Nous n'aurons rien de MM. Bosio, Cortot, Roman et Ramey fils. M. Pradier nous promet son groupe des *Graces* pour le mois prochain. M. David devrait bien ne pas nous envier les beaux bustes qu'il a exécutés depuis trois ans, et les plâtres du tombeau du général Foy, que tout le monde n'ira pas voir au Père-La-Chaise. Nous constaterons aussi avec regret l'absence de noms tels que ceux de MM. Nanteuil et Laitié. Il est probable que tous ces messieurs ont eu de bonnes raisons pour ne pas exposer; mais nous ne voudrions pas que ce fût, pour quelques uns d'entre eux, affaire d'aristocratie : de pareils calculs ne sont bons que quand, avec une réputation faite, le talent diminue, et que le prédicateur sent prudemment la faiblesse de ses dernières homélies.

Les envois de Rome tiennent un rang honorable dans l'exposition : j'ai déjà parlé de la *Leucothoé* de M. Dumont, gracieuse figure, dont la composition est peu originale, la tête petite de caractère et légèrement maniérée, mais dont l'exécution est à la fois fine et vraie, particulièrement dans les draperies qui enveloppent le bas de la figure, et dans le corps du petit Bacchus que la nymphe presse entre ses bras. On a revu avec un plaisir plus vif encore le *Mercure* de Duret; l'école n'a rien produit de plus achevé que cette jolie statue dans la sculpture de demi-caractère, depuis la *Pandore* de M. Cortot : la composition en est spirituelle et accentuée, et la vérité du modelé ne perd rien, surtout dans la partie inférieure de la statue, à l'extrême recherche de fini qui caractérise cet ouvrage. On remarquera des choses également bien senties et bien exprimées dans le torse de la figure de l'*Innocence* par M. Desprez : nous aimons moins la tête de cette dernière statue; le caractère en est indécis et *pointu*.

Ce que nous ferons remarquer seulement à l'occasion de ces différens ouvrages, c'est le retour qu'ils constatent au sentiment peu grandiose de Canova, à l'exclusion de cette nature riche et forte que MM. Pradier et David avaient introduite dans leurs ouvrages. Peut-être que la grande renommée de Thorwalsen à Rome, conquise principalement par des ouvrages austères, aura rejeté nos jeunes sculpteurs dans la route opposée; mais, avec le talent dont ils ont déjà fait preuve, il leur suffira d'un coup d'œil jeté sur la société actuelle, ses habitudes et ses goûts, pour se convaincre du peu d'avenir qui les attendrait, s'ils ne modifiaient la direction de leurs travaux : le genre uniquement gracieux offre peu de ressources, si l'on ne tombe dans la manière. Le plus habile des trois statuaires que j'ai nommés est probablement aussi le plus près de cet écueil.

J'ai peu de chose à dire du *Spartacus* de M. Foyatier. Le modèle de cet ouvrage, exposé au dernier salon, avait obtenu un de ces succès de vogue qui ne prouvent guère que la prédilection du public français pour le théâtral dans tous les genres. M. Foyatier, dans l'exécution en marbre de cette statue, a fait de louables efforts pour conquérir le suffrage des artistes. Il le mérite à beaucoup d'égards, par le soin avec lequel il a repris toutes les parties de son marbre dans un sentiment beaucoup plus simple et plus voisin de la nature. M. Foyatier a aussi exposé une très jolie figure d'enfant en marbre, et un modèle de statue pour la chambre des députés, qui ressemble trop et trop peu à la *Vénus de Milo*.

M. Gatteaux, habile graveur en médailles, nous a donné une *statue de Triptolème* en marbre de St.-Béat; c'est un ouvrage bien étudié, composé sagement, un peu lourd de galbe, et qui rappelle, par la grosseur de la tête et l'épaisseur des attaches, la sculpture romaine du second siècle. M. Gatteaux fera peut-être bien, une fois, pour satisfaire pleinement les amateurs, de choisir un type d'une meilleure époque.

On remarquera sans doute le modèle en plâtre d'un groupe de *Daphnis et Cloé*, par M. Chaponière. Ce morceau, composé à Naples, décèle dans son auteur un talent naïf et gracieux. Les deux enfans sont pris à l'âge de dix à douze ans; la pose de la jeune fille, assise avec les jambes étendues et légèrement croisées, a beaucoup de naturel; celle de Daphnis, à genoux et penché vers Cloé, est pleine de feu et d'originalité. Les têtes sont moins heureuses que le reste des figures, dont les détails sont vrais sans vulgarité. Il serait à désirer que le gouvernement fournît à M. Chaponière le moyen de perfectionner sur le marbre cette jolie composition.

La *Vénus* de M. Molchnet a des parties traitées avec une vraie supériorité. Je n'ai pas eu le temps d'examiner avec l'attention convenable l'*Ange rebelle* de M. Marochetti : j'avais trop peur qu'il ne me tombât sur la tête. M. Petitot a fait trop bien d'autres fois, pour que je m'arrête aux ouvrages qu'il a exposés cette année. La *Jeune fille* de M. Lemaire est d'une nature un peu sèche et busquée : il ne faut prendre ce marbre que comme une distraction aux importans travaux du fronton de la Madeleine. On remarquera des bustes de M. Dantan jeune, fins et naïfs un très beau portrait de feu M. le comte d'Hauterive, par M. Allier. Je voudrais nommer l'auteur d'un beau buste en marbre du peintre David; mais cet ouvrage, très remarquable par la vérité et la franchise de l'exécution, n'a encore ni signature ni numéro : il y a aussi dans ce genre de bons ouvrages de M. Brion.

J'ai peu de chose à ajouter à ce que j'ai déjà dit du *Groupe d'animaux* de M. Barye. Tout est original et fort dans ce morceau, qu'on peut comparer aux plus parfaits ouvrages qui nous soient restés de l'antiquité dans ce genre. Il y a deux manières de traiter les animaux en sculpture ; l'une, presque constamment suivie par les anciens, qui consiste à polir les surfaces et à n'exprimer les inégalités et les accidens du pelage que par les couleurs des marbres; l'autre, où les modernes et Benvenuto Cellini surtout ont excellé, qui conserve dans le travail toutes les aspérités de la nature. M. Barye a pris un parti moyen entre ces deux systèmes : les bandes dont le corps du tigre est orné, sont exprimées par des stries transversales avec une hardiesse surprenante; la peau n'est point fouillée, mais simplement grenue. Ce travail, qui satisfait au besoin de l'imitation, laisse se déployer en toute liberté le jeu des vertèbres et des muscles. Je ne ferai qu'un bien léger reproche à M. Barye, c'est d'avoir choisi pour son crocodile une espèce à nez bossu, dont le caractère n'est peut-être pas assez régulier. Il faut laisser, je crois, à la nature ces jeux bizarres de formes dont elle abuse si souvent; ce qui fait la joie du zoologue ne doit pas être recherché de même par le sculpteur.

Les études de sculpture gothique, les trompe-l'œil du seizième siècle de M. Moine, sont au premier rang de cette exposition. Certes, il est impossible de se montrer plus coloriste en sculpture, et de mieux saisir le caractère d'époques qu'on est souvent tenté de regarder comme inimitables ; mais il ne faut pas que M. Moine s'en tienne à ces premiers essais : c'est à être lui-même que M. Moine doit s'attacher maintenant ; c'est à tirer de son propre fonds des compositions qui conviennent à son art, et surtout à ne pas s'enamourer du fantastique, triste ressource pour les sculpteurs : à ce prix, nous pouvons prédire à M. Moine les plus brillans succès.

La plupart de ces observations s'appliquent à M. Triquetti, qui possède un talent fort original et surtout emploie un excellent fondeur. Nous retrouverons d'ailleurs M. Triquetti parmi les jeunes peintres les mieux doués de notre époque.

CHAPITRE VI.

Marines.

Le genre marine, porté à sa perfection par les Hollandais à la grande époque de leur école, n'a commencé à être cultivé avec quelque succès en France que vers le milieu du dernier siècle. Le premier nom qui mérite d'être cité est celui de Manglard, peintre lourd et maniéré, mais aux tableaux duquel ne manque pas un certain effet dramatique, pareil à celui qui distingue les ouvrages du *Tempesta* en Italie. Manglard fut le maître de Joseph Vernet, grand peintre, qui a joui pendant sa vie d'une gloire immense, et qu'il aurait conservée toute entière, si Backuisen et Vandervelde n'eussent commencé à être mieux appréciés.

En reconnaissant le mérite éminent de Joseph Vernet sous plusieurs rapports, la richesse de son imagination, sa facilité à comprendre les phénomènes de la nature, son entente profonde de l'effet général, et le caractère vraiment poétique et passionné de plusieurs de ses compositions, on ne peut s'empêcher de penser aujourd'hui qu'il a manqué à ce maître plusieurs des qualités indispensables à son art, l'étude consciencieuse de la construction et du mouvement des navires, de leur gréement et de leur voilure, le style simple et caractérisé des figures, la variété des formes dans les arbres, l'architecture et les terrains, enfin la finesse de touche et d'effet sans laquelle il n'est point de réputation durable dans les genres secondaires de la peinture. Ces qualités n'ont pas toujours manqué à Joseph Vernet, mais on doit dire qu'elles se sont effacées de ses tableaux avec les progrès de l'âge ; en sorte qu'on citerait à peine vingt tableaux du peintre d'Avignon qui causassent à présent une satisfaction complète.

Continuées par un homme d'un mérite plus qu'équivoque, les traditions du grand peintre du dix-huitième siècle paraissaient complétement effacées quand M. Crépin exposa ses premiers tableaux. Ce maître n'annonçait pas de grandes dispositions à rendre les innombrables effets de la nature maritime, mais plusieurs des parties de son éducation pittoresque lui donnaient un grand avantage sur Joseph Vernet lui-même. Tous ceux qui ont vu et admiré *le combat de la Surveillante* à la galerie du Luxembourg, savent quelle est l'érudition nautique de M. Crépin, et comment il en adapte les détails à la représentation animée d'une scène d'abordage. Si les autres ouvrages de M. Crépin s'étaient maintenus à la même hauteur, il aurait sans doute fondé une école où les navires eussent été tout, et la mer fort peu de chose; or, pour remplir ces conditions, il faut que les bâtimens tiennent presque toute la place, et que la mer et le ciel ne servent que d'encadrement au tableau.

Les brillans débuts de M. Gudin nous ont rejetés dans une tout autre voie. Pour la première fois depuis Joseph Vernet la mer a été considérée par ce jeune peintre comme un être capricieux, passionné, tumultueux, terrible, qui, soit dans sa propre grandeur considérée à part de tout contact avec l'espèce humaine, soit plus souvent encore dans les dangers que ses variations d'humeur font subir aux hommes, offre aux combinaisons de l'art tout autant de ressources que les scènes les plus agitées de la vie terrestre; car tel est le caractère propre aux marines, celui qui les distingue profondément du paysage. Des effets d'orages, d'éruptions volcaniques ou d'ouragans, la mélancolie de l'automne ou la rigueur de l'hyver, ajoutent sans doute à l'effet d'un beau paysage : mais la nature terrestre, dans son infinie variété de formes et de couleurs, se suffit en quelque sorte à elle-même, et toute la passion des plus beaux paysages connus ne varie guère que de la douceur du matin à la tristesse du soir. Dans les marines, au contraire, un peintre de *bonaces* ne captiverait pas l'attention.

Claude Lorrain lui-même, dans ses levers de soleil sur la mer, malgré la magie répandue dans la lumière et sur les eaux, malgré le grandiose de l'architecture et la pompe des galères, ne produit pas sur notre ame la moitié de l'impression que nous causent ses paysages inspirés par la campagne romaine. C'est que dans les marines le spectateur, qui ne voit jamais la mer sans émotion, veut retrouver ses impressions ordinaires accrues par le talent du peintre. Ce que nous venons de dire n'est une règle absolue ni pour la marine ni pour le paysage : à mesure que la mer devient plus belle et plus méridionale, elle se passe mieux du secours de la passion ; à mesure aussi que le paysage s'éloigne des contrées où la pureté de l'air répond à la variété des formes de la nature, le peintre doit plus emprunter à la poétique des calamités physiques. Une femme d'Albano, comme celle que M. Horace Vernet a peinte, ravit l'ame par sa beauté toute simple et toute nue; une figure de grisette deviendra sublime sur la scène, avec le talent d'une Dorval ou d'une Smithson.

Je ne reprocherai pas à M. Gudin d'avoir négligé les ressources de son art; il semble au contraire que, comptant moins sur la réalité de son talent que sur son incroyable facilité, il ait voulu s'attaquer au genre nerveux, le plus courtisé de tous les organes humains par les artistes de nos jours. Je ne crois pas pourtant que M. Gudin ait pu rester complétement étranger aux critiques assez fondées que souleva son tableau du *Kent* à la dernière exposition; toutefois, nous devons le dire, la plupart des défauts reprochés à ce grand ouvrage se retrouvent dans le *Colombus* de 1831. C'est la même limpidité des eaux, si bizarre dans une tempête, la même importance donnée à une vague aux dépens du sujet principal; la même couleur fantastique répandue sur l'ensemble du tableau.

Je crains de m'engager dans une discussion positive avec M. Gudin, qui non seulement a l'instinct des effets de marine, mais qui possède encore autant que personne l'expérience de la mer; pourtant je lui demanderai si, à mesure que le ciel devient plus sombre, la mer ne prend pas un aspect plus dur et en quelque sorte plus métallique? si une vague qui déferle sur un bâtiment ne ressemble pas plus à du fer qu'à de l'eau? Je crois aussi qu'entre la bonne manière de M. Crépin, qui appelle exclusivement l'attention sur le pont du navire combattant ou en souffrance, et celle des anciens maîtres qui rejettent les bâtimens sur un plan reculé pour mieux faire comprendre l'aspect général de la mer et du ciel, le moyen terme est dangereux. On risque au moins de ne pouvoir rendre sa pensée qu'à la condition d'une vérité complète d'effet; or, nulle puissance humaine ne peut prétendre à cet effet en traduisant les grandes convulsions de la nature.

Comme ceci n'est pas écrit dans le but de contrecarrer l'opinion si favorable à M. Gudin, ni de contrister un talent que j'admire sous beaucoup de rapports, j'insisterai peu sur sa *Vue de Sidi-el-Ferruch*, et sur le *Coup de vent de la vallée d'Arques*; je retrouverai d'ailleurs M. Gudin au premier rang de nos paysagistes; et je me dédommagerai, en louant la *Vue de Saint-Pierre de Caen*, du chagrin que j'éprouve à ne pas partager les idées de M. Gudin sur la composition des grandes scènes de marine.

Aurai-je lieu de me réjouir davantage avec M. Eugène Isabey? mon Dieu, non! Nous sommes assez loin, cette fois, de la *Tempête de Dieppe* qui a classé M. Eugène Isabey parmi les maîtres. La *Vue du port de Dunkerque* est un ouvrage remarquable à beaucoup d'égards; l'effet en est spirituel et bien entendu, peut-être un peu trop méridional, les détails riches, piquans et d'une belle couleur; mais en somme c'est un tableau fait trop vite, pour ne pas dire *lâché*. Il est impossible que M. Eugène Isabey, si fin observateur de la nature, ait foi à cette peinture fluide et grossière, que la manie de l'imitation nous a fait emprunter, il y a quelque temps, à nos voisins: j'en atteste ces *trois barques de contrebandiers* cachées derrière des récifs, si vraies de détails, si animées par les figures, si finement et si spirituellement touchées.

A voir en masse les tableaux de MM. Gudin et Isabey, on serait tenté de supposer à ces habiles maîtres plus de disposition à contenter promptement leurs amis qu'à se satisfaire eux-mêmes. Nous sommes loin de blâmer un penchant qui fait honneur à la bonté de leur caractère; mais nous espérons que désormais ils sauront le concilier avec les intérêts de leur gloire à venir. On peut leur citer pour exemple, cette fois, M. Roqueplan, peintre d'ordinaire aussi spirituel que qui que ce soit au monde, mais plutôt négligé et se souciant peu de la perfection des détails. Dans la marine des *Côtes de Normandie* qu'il vient d'exposer, M. Roqueplan a fait de louables efforts pour rendre le mouvement de la mer, la couleur changeante des flots, et surtout la marbrure que forme, par un temps frais, l'écume des vagues en se brisant. Il est fâcheux qu'un ciel lourd et découpé gâte l'effet général de ce charmant tableau. M. Langlois a exposé un tableau de la *Bataille de Navarin,* dont l'aspect n'est pas aussi puissant que le panorama du même auteur. L'explosion de l'*Isania* me paraît surtout à peu près manquée; en revanche, la composition très remarquable des premiers plans, et la beauté des figures qui s'y détachent en vigueur, peuvent montrer à ceux qui n'ont vu de M. Langlois que le panorama de Navarin, quel degré d'intérêt ce peintre saura ajouter aux ouvrages d'illusion, quand il se sera décidé à y traiter les figures d'une autre manière que ses confrères en panorama ne l'ont fait jusqu'à ce jour, par impuissance seulement.

J'ai peu de chose à dire de la *Bataille de Navarin* par M. Garneray, ouvrage depuis long-temps connu. Après la belle production de M. Langlois, il serait difficile de considérer le tableau froid et officiel de M. Garneray autrement que comme renseignement topographique. M. Garneray s'est mieux livré à la liberté de son talent dans une *Pêche au hareng* par les barques de Dieppe : ce tableau d'un effet agréable et d'une composition animée soutiendra M. Garneray au rang que ses premiers ouvrages lui ont depuis assez long-temps assigné parmi nos peintres de marine.

Je citerai encore de jolies *Vues de Marseille*, par M. Tanneur; *une Marine* de M. F. Perrot, mieux peignée peut-être que le genre ne le comporte, et une *Plage de Calais*, par M. Collignon, qui ne manque pas de soleil, chose, comme on sait, plus que rare dans la peinture.

CHAPITRE VII.

Portraits.

On se plaint à toutes les expositions de la quantité de portraits qui encombre les salles; c'est même là un propos commode à ceux qui n'ont ni la volonté ni le pouvoir d'énoncer le premier jour une opinion quelconque sur le salon. Un très mauvais portrait est encore pourtant la chose la plus supportable de la mauvaise peinture : un portrait sublime est peut-être le chef-d'œuvre de l'art. Quelque haut que l'on élève certaines compositions, il n'y a rien qui vaille, pour l'homme sensible à la peinture, l'impression que lui cause *la Joconde* ou *le Chapeau de paille*, *le Castiglione* de la galerie du Louvre ou *le Léon X* de Pitti. Ce qui donne aux tableaux gothiques une supériorité incontestable sur tous les autres tableaux, c'est qu'ils sont composés de portraits. Quand les écoles émancipées cherchent la voie de l'idéal, un froid mortel gagne le cœur, et sur dix mille tableaux il en est à peine un seul qui survive : presque toutes les peintures gothiques font plaisir. Ce que j'en dis n'est ni par mépris ni par ignorance de l'idéal, chose merveilleuse à ceux qui le rencontrent; mais il me semble que j'ai vu parfois dans la nature des choses plus belles que l'idéal, tel que l'homme l'a, sinon conçu, du moins exprimé.

Ce qu'on entend par portrait, d'ailleurs, se prête à bien des applications différentes. Un roi sur son trône, en manteau d'hermine ou en pantalon blanc, qui s'appuie sur la main de justice ou attend une députation de province, c'est là ce qui constitue un portrait historique. Une tête qui regarde à travers une bordure comme par une lucarne, c'est un portrait dans sa plus simple expression. Entre ces deux extrêmes, il y a une variété infinie de modèles plus ou moins riches de détails et d'enjolivemens. Or, il est une chose à remarquer, c'est qu'un portraitiste de profession se tire mieux d'un cadre qui approche des dimensions de l'histoire, que d'une tête toute seule : ce qui prouve combien sont fausses les classifications de la peinture, et combien aussi un homme a plus de mérite à faire de bons portraits, s'il ne pratique pas le genre historique.

Lawrence seul, de notre temps, a fait exception à la loi commune : bornant sa palette au portrait exclusivement, il est devenu le premier peintre de son pays, d'autres diront de son siècle. Lawrence, qui ne dédaigna pas d'envoyer des tableaux à l'exposition du Louvre, devait laisser parmi nous une trace profonde de son passage. Aussi deux personnes se sont-elles présentées en France pour disputer la succession du premier peintre de Georges IV. Le premier est un compatriote de Lawrence, M. G. Hayter; le second, un des plus brillans élèves de notre école, M. Champmartin.

Le beau monde a depuis quelque temps adopté M. Georges Hayter Esq. Il n'est figure si vantée qui se croie vraiment à la mode si elle n'a été reproduite sur la toile par le pinceau du gentleman, et cela avec grande raison. Il ne manque rien de Lawrence à M. Hayter, ni les ciels de moire, ni les arbres de mousse, ni les palais de satin, ni les draperies de neige, ni les pantalons de brouillard, rien en vérité que l'ajustement, l'individualité, les carnations, la vie des portraits de son modèle. Je vous demande aussi quelle mine doivent faire aujourd'hui les prôneurs de ruelles qui se sont hâtés de faire avant le temps une gloire à M. Hayter? N'est-ce pas une punition suffisante que de se voir traduit au salon sous une pareille forme? Nous le concevrions encore si quelque imitateur habile de Lawrence, tel qu'il en existe plusieurs à Londres, se fût mis en tête d'importer en France la manière de son maître : un grand et légitime succès l'eût certainement attendu parmi nous ; nos peintres auraient eu beau crier, ils eussent appris beaucoup de choses de cette école, quand cela ne serait que le talent de mettre un frac sur le dos d'un honnête homme, sans lui donner une tournure gauche et bourgeoise. Mais qu'un talent qui serait tout au plus du troisième ordre chez nous, par cela seul qu'il a passé le détroit ravisse les esprits qui prétendent à la délicatesse, il y a de quoi crier vengeance. Il faudrait le faire sur les toits, si les portraits mêmes de M. Hayter ne s'en chargeaient et au delà.

Ce n'est que sous le rapport du but que tous deux se sont proposé, que j'ai osé comparer M. Hayter à M. Champmartin. Celui-ci, célèbre d'abord à l'atelier, puis indécis dans sa route et malheureux dans ses diverses tentatives, puis trop Français peut-être pour avoir tiré tout le parti possible d'un long voyage dans l'Orient, paraît enfin s'être résolu à échapper, par le positif du portrait, à l'espèce d'ironie qui le poursuivait dans tous ses ouvrages, et l'empêchait de les conduire et de les terminer avec confiance. M. Champmartin a exposé trois portraits, deux à mi-corps, celui d'une dame et celui du général Lamarque, et le troisième en pied représentant M. le duc de Fitz-James dans toute la pompe surannée d'un chevalier des ordres revenant du chapitre, et livrant à l'admiration naïve de deux jolis enfans ces hochets de cour qu'il ne portera plus. De ce *Retour de Saint-Cloud* la révolution de Juillet a fait presqu'un tableau d'histoire; le principal rôle en serait tant soit peu embarrassant pour tout autre héros que M. de Fitz-James; mais l'air duquel M. Champmartin lui a fait affronter les commentaires de la foule ne messied pas au tribun jacobite de la chambre des pairs.

La tête principale de ce portrait est vraie et d'une belle couleur, les accessoires brillans, mais mous et *lavés*. Les deux figures d'enfant sont beaucoup moins heureuses; les formes de cet âge ne sont pas tellement indécises dans la nature, qu'on n'y distingue de la chair et un contour. Les mains du portrait de femme sont charmantes. Le portrait de M. le général Lamarque, spirituel et vrai d'ajustement, souffre encore plus que les deux autres de cette crainte à laquelle M. Champmartin paraît succomber, d'exprimer trop rudement le modelé de ses figures. En somme, on comprend que M. Champmartin a pris le parti bien décidé de se mettre à la mode, et qu'il y réussira ; mais on comprend aussi que quelles que soient les concessions qu'il veut faire, il ne renoncera pas à cette propriété d'ajustement et à ce sentiment de la vie sans lesquels il n'est point de portraits.

Qu'un homme de talent comme M. Champmartin, à qui la peinture d'histoire n'avait pas réussi, fasse retraite dans le portrait, rien de mieux ; mais qu'après avoir fait le *Gustave Wasa* on renonce de gaîté de cœur à sa gloire pour se borner à la peinture qui *rapporte*, c'est ce que le public ne conçoit guère. Ainsi s'explique l'indifférence qu'on éprouve aujourd'hui pour les ouvrages de M. Hersent. Le portrait de la Reine, que cet académicien a exposé, n'a que de la vérité sans flatterie. Ceci n'est pas même constitutionnel en France, où il nous est encore permis de garder pour les reines ce qu'il y avait de bon et d'aimable dans notre vieil esprit de cour. Le Roi, en pied, du même peintre, a l'air d'avoir reçu beaucoup de députations dans la matinée ; il s'ennuie d'en attendre encore, et peut-être aussi de ce que sa tête se détache si mal sur ce vilain fond rouge. Le prince de Joinville, en Auvergnat, plaît beaucoup aux amateurs du genre Dubufe.

A propos de M. Dubufe, il fait rage, le pauvre homme, pour soutenir le succès passionné qu'il obtint, en dépit des grondeurs, à la fin de la dernière exposition. Ce sont toujours des beautés aux cheveux noirs, ensevelies dans la mousseline, langoureuses et demi-nues : celle-ci rêve mélancoliquement à l'absence, celle-là pleure mignardement sur son serin. Je ne vois pas que jusqu'à présent le gros public se soit laissé prendre, comme l'autre fois, à toutes ces petites agaceries. M. Dubufe est un artiste fort adroit, à qui la nature a départi un sentiment de grace peu commun: un succès malencontreux de grisettes est venu le prendre au milieu d'une carrière consciencieuse, et l'a peut-être pour toujours éloigné du bon chemin. Après tout, s'il est une chose qui puisse consoler M. Dubufe, c'est l'enthousiasme qu'excitent en Eupope les productions françaises du genre où il excelle. Les vignettes du *Journal des Modes* font le tour du monde. Les beautés si gentiment pomponnées que nous nous garderions de regarder sur les boulevards, figurent dans les boudoirs des reines du nord et du midi : à en croire les étrangers, notre école n'est nulle part si originale, si inimitable que dans ces bagatelles. Comment nous faut-il prendre cette manière de louanges?

M. Dubufe m'a un peu éloigné du sujet principal de ce chapitre. Le but que je me propose n'est pas néanmoins de mentionner tout ce que le salon renferme d'estimable dans le genre aujourd'hui très bien cultivé du portrait, surtout en buste. Il y a, comme à l'ordinaire, des ouvrages de M. Rouillard, d'une expression vraie et d'une belle couleur. La tête de M. Juillerat, ministre protestant, me paraît une des meilleures qui soient sorties du pinceau de cet artiste. M. Paulin Guérin n'a rien exposé, ce me semble, dans le genre du portrait. On remarque une très belle demi-figure de M. Rouget; *le David* déjà connu de Langlois; un homme avec une main superbe, de M. Sigalon; des portraits de femme un peu maniérés, mais brillans d'exécution, de M. Bouchot. M. Steuben excelle dans les figures isolées sans ornemens : il ne se peut rien imaginer de plus ferme et de plus vrai qu'un vieillard chauve, en manteau bleu, que ce peintre a exposé. M. Kinson continue paisiblement et soutient avec assez d'habileté la réputation qu'il commença, il y a dix ou quinze ans, d'une manière aussi bruyante que M. Hayter. Les succès de M. Kinson, comme avant lui la vogue de Robert Lefèvre, laissaient bien quelque chose à désirer sous le rapport de la légitimité d'origine; mais auprès de M. Hayter, M. Kinson est un foudre de vigueur et de vérité.

M. Scheffer aîné, dont nous connaissons quelques charmans portraits de femme exécutés depuis trois ans, n'a exposé qu'une tête de M. Dupont de l'Eure, vraie de pensée plus que d'exécution, et un portrait à mi-corps de M. de Talleyrand, le plus finement senti peut-être de tous les ouvrages du salon. Rembrandt ne l'eût pas désavoué comme peintre, et peut-être ne l'eût-il pas si bien composé. Le Roi à cheval, de M. Scheffer, rentre dans la peinture d'histoire, où nous le retrouverons.

M. Decaisne, dans un portrait agréable de madame Malibran, a transformé Desdemona en Malvina ossianique. Ceux de nos peintres qui n'ont pas vu l'Italie ne devraient pas se risquer à traduire les têtes méridionales, même les plus délicates. C'est une nature dont le plus beau talent ne peut deviner le secret. Le portrait en pied de M. le duc d'Orléans par M. Decaisne est un ouvrage remarquable par la force, et, si je puis m'exprimer ainsi, la *sugosité* de l'exécution.

Après tout, il reste une vaste lacune, celle des portraits tels que M. Gérard les compose, si sérieusement sentis dans la figure principale, si riches et si intéressans dans les accessoires. Tout cela s'en va peu à peu avec la bonne vieille école. Il faudrait que les hommes reprissent un peu d'étoffe, pour qu'on songeât encore à leur en donner par la peinture.

Si nous en avons le temps, nous parlerons ailleurs des portraits en petit, et des miniatures, genre où madame de Mirbel ne connaît pas de rivaux.

CHAPITRE VIII.

MM. Decamps, Roger, Jeanron, Roehn fils, etc.;
Mesdames Haudebourt, Pagès, etc.

Il n'est personne, de ceux qui visitent l'exposition de bon matin, qui, en passant auprès du sphinx de la petite cour du Musée, ne compare dans son esprit cet ouvrage gigantesque avec les productions légères de notre temps. Que de siècles, s'écrie-t-on, entre le sphinx de Tunis et les chiens de M. Decamps! Tel amateur pourtant qui, par une semblable réflexion, croirait avoir touché le fond des choses, serait bien surpris sans doute, si on lui montrait tout à coup de la *peinture de genre* comme on faisait à Thèbes, bien des siècles avant Sésostris. Il n'y a point de bonhomie si gothique, ni de vérité si flamande qu'on ne retrouve dans les scènes familières ou champêtres dont les gentilshommes de la chambre des Pharaons s'amusaient à faire décorer leurs tombeaux. Donnez maintenant aux bords du Nil un climat destructeur comme celui de la France, et toutes ces fantaisies d'un art bourgeois auront disparu sans retour. Alors, on ne trouvera que des temples indestructibles, des colosses de granit, des obélisques de cent pieds, et l'esthétique de discourir! Elle l'a bien fait, en ne comptant pour rien ce qui contrariait l'absolu de ces systèmes. Il est pourtant certain que l'homme de tous les temps et de tous les lieux se meut dans la même atmosphère d'idées, et tourne dans un cercle uniforme : les lois générales de l'humanité sont bien autrement constantes et rigoureuses que les lois particulières des régions, des siècles et des climats.

Supposez une forme de société qui ne soit pas l'état sauvage, et vous verrez se développer des habitudes analogues chez tous les peuples. L'imitation, par les procédés de la peinture, des scènes de la vie habituelle, est au premier rang de ces besoins d'une société avancée. Si les ouvrages de ce genre se multiplient, il n'y a ni morale ni lamentations à faire; c'est la conséquence toute simple de la durée d'une nation, et du bien-être des individus qui la composent.

C'est au contraire un très mauvais symptôme pour la direction d'une école, que de voir dédaigner la peinture familière : les maîtres, aux époques dites classiques, n'ont jamais commis cette faute. Mais la masse des imitateurs, perchée qu'elle est sur les échasses académiques, n'a pas assez de ricanemens ni de haussemens d'épaules pour l'homme qui préfère la nature toute nue aux prétentions du style et de la poésie à contresens. Jamais académique d'aucune couleur n'a transigé sur cette profonde niaiserie; Chardin et Greuze ont subi les rebuffades des Pierre et des Natoire; Taunay et Carle Vernet ont fait amende honorable de leur talent devant les idoles de Vien et de Regnault. Il n'y a que cette capricieuse postérité qui coule bas les grosses hourques des peintres du Roi, et conduit quelques frêles chaloupes à la rive. Aujourd'hui que plus que jamais les moindres sont les meilleurs, le genre a bien pris sa revanche : jamais hanteur de taverne hollandaise n'a reçu le bon public de l'air que se donnent aujourd'hui nos peintres d'écailles d'huîtres. Nous sommes témoins d'une de ces représailles démocratiques comme la société en offre partout; il semble que moins on veut faire, mieux on se classe; chercher un noble sujet n'est plus qu'une sottise; le rendre autrement que par le côté vulgaire n'appartient qu'à la médiocrité.

C'est précisément parce que les idées saines ont fait quelques progrès, et parce qu'un plus grand nombre de personnes ont quitté le théâtral pour goûter la simplicité, le naturel et la couleur, que nous avons vu éclore cette manie de l'art pur, théorie parfaitement belle à développer devant un chef-d'œuvre, mais stupide en résultat, si elle amène un homme qui n'est encore rien par lui-même, à compter pour néant l'invention, la composition et l'expression.

C'est encore une erreur grave de nos peintres de genre, que de croire qu'ils font preuve d'esprit en laissant leurs ouvrages à moitié de l'exécution. L'école de Lyon a passé de mode, non parce qu'elle terminait trop, mais tout simplement parce qu'elle manquait de vérité; on a cru que le moyen d'atteindre la vérité, c'est de faire au rebours des peintres de Lyon; on n'est arrivé qu'au barbouillé, au sale, au rebutant. Telle n'a pas été la pensée de M. Decamps, le plus original, sans contredit, des peintres de scènes familières qui se soient montrés depuis longues années dans notre école. Déjà, au salon de 1828, les amateurs avaient remarqué de ce peintre quelques petits tableaux de sujet oriental, vrais et fins d'exécution. Mais depuis cette époque, M. Decamps s'est

ouvert une voie beaucoup plus large et plus à lui;
il a exposé cette fois trois ouvrages qui excitent
au plus haut degré l'attention publique. Dans le
premier, un Persan et sa famille profitent de la
fraîcheur de l'aube pour s'acheminer vers une
ville dont on aperçoit les minarets dans le lointain; c'est une charmante réminiscence du Levant, où ceux qui connaissent ces contrées s'é-
tonnent de voir les habitudes populaires repro-
duites avec tant d'esprit, et où le reste des amateurs croit deviner la vérité sous des formes un
peu ironiques. Le second ouvrage de M. Decamps
est un tableau d'assez grande dimension, représentant une *Halte d'animaux savans*. L'âne, tout
chargé des acteurs de la troupe, se courbe pour
dévorer le maigre fourrage que lui dispense la
main très peu libérale de M. le directeur; le foyer
du théâtre est dans les paniers; on y trouve, comme dans tous les foyers du monde, des oripeaux,
de l'ennui, de la curiosité, des prétentions : le
premier sujet seul a eu la permission de descendre à terre : c'est un singe d'assez belle taille,
qui attend avec une impatience comique le moment de partager le repas du régisseur; celui-ci,
garçon de quinze à seize ans, haut en couleur, la
casquette sur l'oreille, s'est assis sur une marche

presque au niveau du pavé, pour entamer gaîment un morceau de pain : c'est entre l'enfant et le singe, l'un prêt à couper le morceau désiré, l'autre levant la pate pour profiter du moindre geste favorable du maître, une harmonie de mouvemens qui ravit.

Mais que dire du troisième tableau? Comment décrire cet *Opital des galeus*, ce pignon de chenil décoré d'une vieille tête de cheval comme d'un bucrâne antique, cet air philosophique et sentimental des deux bassets malades qui occupent le premier plan, et puis ce qu'il y a de touchant dans les efforts que font les autres chiens, (des frères de la même portée, sans doute!) pour franchir le cordon sanitaire, et consoler les pauvres malades par leurs caresses et leur babil? Ce dernier morceau est peut-être le plus parfait des trois; je ne parle pas seulement de la vérité d'intention qui mériterait la peine d'être admirée à elle seule; c'est la couleur de ce morceau, et surtout le modelé admirable des *figures*, qui lui donne le plus grand prix. Semblable aux graveurs de l'école hollandaise, M. Decamps a un travail de pinceau particulier pour chaque objet; il les sculpte en quelque sorte par la vigueur de son exécution, et pourtant cette manière si accusée ne nuit en rien à la finesse et à la transparence des tons. Les mêmes qualités se retrouvent à un égal degré dans l'âne des animaux savans; mais cette fois la force du relief est un peu achetée par l'uniformité du repoussoir sur lequel s'enlève tout le tableau. M. Decamps évite aussi de donner trop d'importance aux chairs; les deux têtes de son tableau sont reléguées dans l'ombre, et laissent toute leur valeur aux pelages de différens animaux; les parties d'étoffes sont très belles, mais pas assez terminées. Les mains du personnage principal accusent aussi de la négligence : en somme, ce tableau est peint à trois couches comme un camée; c'est là plutôt tourner la difficulté que la vaincre. Je n'aime pas non plus que M. Decamps ait donné tant de valeur à la selle blanche de son Persan; ce point lumineux amortit le ciel, et donne au fond du tableau un aspect peu méridional. Je me rappelle avoir vu à la vente Coutan un admirable dessin de M. Decamps, représentant une famille lévantine à la porte de sa maison; j'admirais la profonde vérité de ce dessin, quand j'entendis un de nos maîtres les plus habiles s'écrier « : Toujours un fond clair et des figures en vigueur; c'est une monotonie insupportable! » M. Decamps aurait-il écouté de pareils avis, et renoncé par là au témoignage de ses souvenirs? Il me semble, quant à moi, que le tableau persan sent déjà beaucoup trop l'éloignement du modèle. C'est un grand désavantage, quoi qu'on fasse, de peindre une nature à six cents lieues de distance.

Voyez, par exemple, cette *Fête populaire* aux environs de Rome, par madame Haudebourt. Qui croirait que ces corps diaphanes, ce paysage convenu, cette couleur crue et heurtée, ces expressions exagérées et bouffonnes, que tout cela soit du même pinceau que la *Sainte-Agnès* ou le *Saint-Pierre* du Luxembourg? Qui dirait qu'une personne qui possède à un aussi haut degré la faculté de rendre sa pensée, a vu la nature italienne autrement que dans son imagination, et qu'elle a même passé à Rome une grande partie de sa vie? Ah! madame Haudebourt, que ne retournez-vous en Italie! ce serait un soulagement pour les admirateurs de votre talent, d'avoir à vous louer autrement que par vos anciens ouvrages.

Il en est du peintre de genre comme du paysagiste; s'il adopte un pays, c'est à la condition d'y rester toujours, ou du moins d'y retourner souvent. Il est bon pour lui de venir de temps en temps à Paris, à l'époque du salon surtout, pour savoir où en est le goût de l'école, et préparer les petites concessions sans lesquelles il n'est pas de succès du moment pour le mérite le plus solide; mais qu'il reparte bien vite! Toute l'originalité de son talent est à ce prix. Telle est la pensée qui paraît diriger les peintres de la colonie romaine, en tête de laquelle figurent MM. Schnetz, Léopold Robert et Granet, et que ne déparent pas MM. Chauvin, Bodinier, Roger. De ces trois derniers, M. Roger est le seul qui figure au salon de 1831. On trouve des détails charmans dans une *Famille de Pêcheurs d'Ischia*. La figure du jeune homme qui conduit la barque est surtout pleine de grace et de vérité; l'effet de ce tableau est hardi, et a le tort de ne pas être compris en France. Mais tous les voyageurs de Naples lui donneront au besoin un certificat d'exactitude. C'est aussi un morceau plein de verve que la *Chasse au buffle* dans les marais Pontins; on voit que M. Roger cherche avec un soin tout particulier les lignes et l'ajustement de ses compositions; ses ouvrages présentent sous ce rapport une grande variété. Mais ce qui me paraît supérieur à tout ce que M. Roger a exposé cette fois, c'est un petit tableau relégué, je ne sais pourquoi, dans une embrasure de fenêtre, et qui représente une prise de voile. Une voix qui fait autorité a dit qu'il y avait du Lesueur dans cet ouvrage. Cette opinion ne paraîtra pas suspecte de complaisance à ceux qui comprendront la pureté angélique de la novice, son expression résignée, à ceux enfin dont l'ame peut être accessible à la poésie d'une belle et abondante chevelure prête à tomber pour toujours sous les ciseaux.

Voilà de la peinture comme on en peut faire simplement et de bonne foi quand on habite l'Italie. Prêterai-je à des hommes tels que M. Jeanron le désir de s'inspirer de pareils modèles? Je nomme ici M. Jeanron, parce qu'au milieu des *tartouillades* dont la jeune école abonde, il est juste de distinguer ce qui annonce un sentiment vrai et le besoin de l'expression. M. Jeanron a représenté pour son début trois de ces *gamins* déguenillés qui improvisaient des corps-de-garde sur les barricades de Juillet. Il y a des parties pleines de sentiment dans ce petit tableau, dont l'aspect n'est rien moins que flatteur. L'épaule de l'enfant debout et en faction, la partie supérieure du torse de celui qui s'est endormi à ses pieds, surtout la tête du troisième placé dans la demi-teinte, doivent faire compter M. Jeanron parmi les espérances de notre école ; j'avertirai seulement le jeune peintre que le plus difficile n'est pas de donner des espérances.

M. Beaume est au nombre des hommes qui ont promptement réalisé ce que leur débuts avaient promis ; son *Sommeil du maître d'école* est un bon ouvrage sous le rapport de l'effet général, du mouvement, de la composition et de la vérité des détails ; il manque seulement de la naïveté et un peu de beauté aux nombreux enfans qui animent ce tableau.

M. Pigale compose avec un naturel parfait; mais sa touche a de la pesanteur, et les sujets qu'il traite, comme les figures qu'il peint, abusent de la permission d'être laids. M. Grenier est toujours un artiste soigneux, simple, facile : sa *Laitière de Montfermeil* pèche par la couleur, mais elle ne manque pas d'une certaine simplicité coquette qui est le *nec plus ultrà* du genre. J'aime, quoi qu'on en dise, les peintres qui voient en beau toute nature, même la nôtre : M. Franquelin est de ce nombre ; ses petites scènes d'intérieur sont composées avec beaucoup de naïveté, et les figures qu'il y a introduites sont presque toujours de jolies blondes remplies de graces. Il serait temps néanmoins que M. Franquelin employât à des ouvrages plus importans un talent qui s'est soutenu contre la tendance commerciale à laquelle la plupart de nos peintres se laissent aller. M. Roëhn fils, qui jusqu'à ce jour avait traité le même genre que M. Franquelin, et peut-être avec moins de succès, a tenté de revenir cette fois à l'histoire par une scène contemporaine. C'est déjà très bien à M. Roëhn de n'avoir pas reculé devant l'idée de reproduire un sujet de Juillet ; et pourtant que de ressources dans cette histoire que l'on a vue, dont les détails se sont gravés à tout jamais dans la mémoire, dont l'impression vibre toujours avec la même force!

Le Musée de Naples renferme un tableau très médiocre de l'époque de Mazaniello, représentant une scène de cette merveilleuse révolution. Croit-on que cette peinture excite aujourd'hui moins d'intérêt qu'une *Sainte-Famille* de Raphaël? Que serait-ce si elle avait été peinte par un Poussin! M. Roëhn a donc choisi tout bonnement pour sujet de son tableau le moment où l'abbé Paravey bénit les tombes du Louvre. Je ne crois pas que l'histoire d'aucun temps ni d'aucun peuple fournisse un motif plus sublime et plus touchant de composition. Ce serait trop de dire que M. Roëhn en a tiré tout le parti possible. Il y a de l'inexpérience dans l'arrangement des lignes, de la crudité dans l'exécution, un défaut d'ensemble dans l'agencement général; mais en revanche on y trouve beaucoup de détails, tous bien étudiés, expressifs, et de cette vérité qui constitue le premier mérite d'un tableau dont le sujet s'est passé hier sous nos yeux. Dans cinquante ans d'ici l'ouvrage de M. Roëhn sera d'un prix inestimable. Tel qu'il est aujourd'hui, il mérite le suffrage de ceux qui ne se paient pas seulement d'adresse et de lazzis.

Tout le monde connaît le talent de M. Duval-Lecamus; les nombreux ouvrages que ce maître a exposés ne sont ni plus ni moins remarquables qu'à l'ordinaire. M. Pingret, qui paraît chercher la même manière, a fait des progrès sous le rapport de la sûreté de l'exécution; ses figures sont souvent théâtrales et affectées. Le même reproche peut s'adresser à un joli tableau de M. Gabriel Scheffer, dont le sujet est tiré de l'*Ermite* de Lafontaine. La jeune fille, toute fraîche et gracieuse, n'est qu'une ingénue de vaudeville. Madame Joubert et Madame Drolling composent plus naïvement que Mademoiselle Pagès, imitatrice habile de la manière de Destouches. En parlant plus au long de ce dernier, je reviendrai sur cette tendance d'opéra comique, qui est en petit et pour les scènes familières le même écueil que le goût de la tragédie classique pour les tableaux d'histoire.

CHAPITRE IX.

Paysages.

« Le baron Fouquières est venu me trouver « avec sa grandeur accoutumée, dit Poussin « dans une de ses lettres à M. de Chantelou ; il « trouve fort étrange qu'on ait mis la main à l'or- « nement de la grande galerie sans lui en avoir « communiqué autre chose. Il dit avoir un ordre « du Roi, et prétend que les paysages sont l'or- « nement principal dudit lieu, étant le reste seu- « lement des accessoires. J'ai bien voulu vous « écrire ceci pour vous faire rire. » Le baron Fouquières, comme Poussin l'appelle, avait pro- bablement une théorie sur le paysage. Ainsi fait- on de notre temps, et même c'est la chose dont on se pourvoit d'ordinaire avant de se mettre en besogne. Les paysagistes forment en France une catégorie toute particulière. Un jeune homme apprend-il l'histoire? c'est tout au plus s'il théo- rise huit jours ; une fois aux prises avec le métier, il a tout son comptant de réflexions et d'études, et les garde pour lui. Mais le travail du paysagiste n'est pas quelque chose d'assez sérieux dans les premiers temps pour que le goût de la discussion cesse; il y en a pour six mois à dénigrer les arbres de Claude Lorrain, avant que le maître vous juge capable d'attaquer la *carrière à plâtre* de Montmartre. Voici donc notre Ruisdaël en espérance face à face avec la nature, de Montmartre à Saint-Germain, de Saint-Germain à Fontainebleau : c'est un itinéraire tracé comme le *tour* d'un Anglais. Revenu de Fontainebleau, le paysagiste est un homme intraitable; ces arbres, ces rochers blafards qu'il vous montre, on les a peints mille fois avant lui; il les a vus si souvent chez les autres, qu'il a plutôt traduit ses souvenirs que l'impression de la nature : n'importe! c'est un paysagiste fait, et la société va compter un peintre de plus, qu'elle est tenue de louer et de nourrir sous peine de malédiction. Le paysage aujourd'hui, c'est un moyen honnête de faire son chemin en peinture quand on n'a pas su mettre une tête ensemble, ni dessiner un poignet sans le casser. Après tout, l'inconvénient n'est pas tel qu'on doive renoncer à devenir un homme de génie ; et si l'on ne réussit pas même à fabriquer des arbres, ou à modeler une pierre, on fait des aquarelles où l'on ne met rien du tout.

En mon ame et conscience, je puis donc me croire autorisé à passer sous silence le plus grand nombre des paysagistes : quand on lit d'anciens salons, ce qui fait peur, ce sont ces louanges boursouflées distribuées à des hommes qui n'ont laissé aucun nom. Que deviendront nos panégyriques, non pour la postérité, Dieu merci! mais pour moi (car j'ai chance de vivre dix ans), quand le temps aura fait rafle de nos gloires du jour? Les paysagistes n'ont pas la vie dure. Valenciennes est mort; Pecquignot méritait mieux que son sort; mais qui sait s'il a vécu ? Michalon se meurt; MM. B. B. et B. n'en valent guère mieux. Si j'en loue trois des nôtres, n'ai-je pas chance de passer dans une douzaine d'années pour un extravagant, ou une perruque, qui pis est?

Dans cet embarras, j'ai résolu de remettre mon sort entre les mains de M. Aligny, non que je me croie sur tous les points cause gagnée; mais il me semble reconnaître dans M. Aligny assez de fonds pour appuyer mes espérances. Ce qui me plaît dans les tableaux de ce paysagiste, c'est qu'ils plaisent à très peu de personnes. Si les favoris de la majorité passent si vite, M. Aligny, qui ne fait certes pas mal, et à qui manquent les courtisans, ne court donc pas les mêmes dangers que les gens à la mode. Ou je me trompe fort, ou M. Aligny possède un de ces caractères qu'on appelle obstinés s'ils manquent le but, et fermes s'ils triomphent. Voici bientôt six ans que nous le voyons se cramponner à une manière à laquelle personne ne comprenait rien d'abord, et que lui-même réussissait mal à exprimer. Ce qui manque à la plupart des paysagistes, c'est le sens de l'ensemble. La faute en est au défaut d'organisation d'abord, et aux écoles ensuite. Il n'est guère de peintre d'histoire, si peu qu'il ait vu grandement la nature, à qui il ne soit arrivé de faire le paysage dans un sentiment plus large et plus compréhensif que les paysagistes de profession. Aux yeux de l'homme dont de solides études ont élevé l'ame, les beautés de la nature se manifestent par de grandes divisions, par des partis décidés d'ombres et de lumières, de ciels et de terrains; au moins, le paysage étant plus dans l'homme qui le conçoit que dans la nature qui le donne, l'effet simultané s'en manifeste-t-il avec l'abstraction du plus grand nombre des détails. Je ne crois pas que ces réflexions aient été étrangères à la marche qu'a suivie le talent de M. Ali-

gny; c'est la nature en résumé, telle qu'elle
manifeste spontanément à l'ame, telle aussi q
la réflexion la recompose après l'examen des d
tails, que le jeune maître cherche à exprime
De là ces parties si claires dans les fonds, c
teintes générales, ce modèle simple et har
Des personnes, qui approuvent cette manière
rendre les derniers plans d'un tableau, voudraie
qu'une certaine minutie de détails se retrouv
sur les devans; mais, sans confondre le larg
avec le lâché, peut-être celui qui craint de tro
bler l'unité de l'impression par la multiplicité d
accidens se rend-il mieux compte de l'effet q
le paysage doit produire, calme réfléchi, ém
tion suivie, repos et jamais surprise pour l'am
On peut remarquer qu'un site nous attache d
vantage à proportion qu'une masse plus simp
en compose les premiers plans : ce serait u
raison pour croire que ceux qui, comme M. A
gny, évitent d'éparpiller l'attention sur une mu
titude de détails, prennent un chemin plus s
pour entrer profondément dans l'ame du spe
tateur.

M. Aligny a exposé plusieurs études et u
grand paysage historique représentant une *F*
rêt habitée par les derniers druides, et incendi

par les soldats de l'empereur Claude. La *Vue de Laricia* est un modèle accessible à toutes les intelligences de ce genre abstractif que nous avons pris à tâche d'expliquer; l'harmonie des terrains avec le ciel y est digne d'attention, et le chemin qui monte vers le village, comme les rochers qui le bordent, ont cette vérité d'imitation qui vaut mieux que l'illusion. La *Fin de la tempête* est une composition poétique dont le caractère sombre et grandiose serait mieux compris, si le hasard (j'aime à le croire) ne l'avait reléguée avec les *Piferari* de M. Robert, dans l'endroit le plus obscur de la grande galerie. La même mélancolie sauvage, familière, à ce qu'il paraît, au talent de M. Aligny, se retrouve d'une manière plus frappante dans le paysage des druïdes. Un parti de grands arbres distribués à un tiers de hauteur de la toile, sur un large terrassement, l'occupe presque tout entière; à droite seulement s'ouvre une percée sur un grand ravin sillonné par une cascade et dominé par un ciel triste; une fondrière crevassée s'étend jusqu'au bord du tableau. La force de l'incendie est rejetée avec intelligence sur un plan inférieur au plateau sur lequel les druïdes et leurs familles sont réfugiés: les lueurs s'en reflètent seulement aux branches des arbres, et dessinent en silhouette le plus grand nombre des figures. Il y a du théâtral dans le geste des druïdes qui cherchent à arrêter les soldats : les groupes de femmes et d'enfans sont mieux pensés, mais l'exécution n'en est pas toujours heureuse, même pour un paysagiste. Les premiers plans, maintenus dans une teinte sourde par l'éclat de l'incendie, se recommandent pourtant par une belle et large exécution; l'échappée sur le ravin ne laisse rien à désirer.

Les arbres ne sont vus que par masses : si le sujet avait exigé plus de lumière, peut-être les défauts qui nuisirent au succès de M. Aligny lors du dernier salon, se seraient-ils de nouveau prononcés. Ce maître termine peu les arbres dans ses études; mais au moins reste-t-il fidèle à la nature. Dans les paysages de style, c'est tout autre chose : pour ces grands ouvrages, M. Aligny n'a qu'une espèce d'arbre, un arbre idéal, à écorce de chêne, à feuillage d'yeuse, conception amphibie qui inquiète l'œil et tue la vérité. Il est indubitable que Poussin et le Guaspre ont traité le feuillé de leurs premiers plans dans une proportion plus large que la nature ne le donne; mais si grandes que soient les feuilles, ce sont toujours des espèces distinctes, avec leur aspect, leurs habitudes, et même leurs *passions*, comme dirait l'esthétique. Je désire que M. Aligny ait déjà modifié ses idées à cet égard; mais à l'exception d'un groupe de pins des seconds plans, j'ai cru reconnaître, dans le reste les arbres, du *Samuel :* Dieu nous en garde pour l'avenir ! M. Aligny a exposé de plus deux dessins à la plume dans la manière et le goût des anciens maîtres; ce sont des morceaux admirables, et qui montreront à ceux qui ne se contentent pas encore des tableaux de M. Aligny, toute la portée de son talent : quant à moi, je les prends pour des gages presque certains des succès beaucoup plus décidés que M. Aligny est appelé à obtenir aux prochaines expositions.

M. Ed. Bertin, qui semble partager la manière de voir de M. Aligny, n'a encore exposé qu'une étude remarquable par la vérité avec laquelle les terrains sont rendus. Nous attendrons un ouvrage de plus longue haleine pour hasarder notre opinion sur le talent de M. Ed. Bertin.

C'est aussi un paysagiste remarquable à beaucoup d'égards que M. Corot. Un sentiment profond de la lumière, de l'originalité dans l'ajustement des lignes, des terrains modelés avec fermeté, décèlent dans cet artiste une organisation heureuse soutenue par des études persévérantes : ce qu'on voudrait seulement, c'est que M. Corot, en achevant de débrouiller son talent, apprît un peu à *sacrifier aux graces,* comme on disait en l'an VIII. L'aspect de ses paysages est d'une tristesse qui contraste avec la nature toute calme et lumineuse des sites représentés ; la couleur des terrains est aussi d'un gris moitié rouge, moitié ardoise, dont l'uniformité est fatigante.

Ces critiques ne sauraient s'adresser à M. Giroux, le lauréat de Rome, dont le prix donna lieu à tant de contestations, et dont les travaux ont depuis si bien justifié la prédilection de l'académie. M. Giroux a exposé deux cadres d'études italiennes, d'une couleur brillante, et d'un aspect minutieusement vrai. L'habileté de M. Giroux, si remarquable dans ces ouvrages, ne se dément pas dans ses deux grands paysages-portraits, pris, l'un dans la Sabine, et l'autre près de Subiaco. Les fonds du premier sont surtout d'une richesse qui n'exclut pas la naïveté de l'imitation. D'où vient pourtant que les paysages de M. Giroux ne produisent qu'une impression superficielle? Serait-ce seulement à cause du peu de fermeté des premiers plans! ou plutôt l'amour de l'exactitude, qui paraît dominer le jeune auteur, l'empêche-t-il de renoncer à un assez grand nombre de détails? Quoi qu'il en soit du motif, on se demande d'où vient qu'il résulte si peu d'effet de paysages si parfaitement conduits, et beaucoup plus vrais par parties que tous ceux du salon, à l'exception peut-être des études de M. Jolivard.

Ce dernier paysagiste, dont le début, en 1828, ne fut pas sans éclat, a exposé cette fois deux grandes clairières de forêts dans le genre si merveilleusement traité par Winants. Les chênes de M. Jolivard, surtout dans *la Chasse au Loup,* sont certainement les arbres les mieux compris et les plus habilement rendus qu'on ait vus depuis long-temps aux expositions du Louvre; il y a aussi de la vérité et une couleur délicate dans les premiers plans de ces deux tableaux. Mais d'où vient que M. Jolivard s'est laissé aller à substituer aux fonds tranquilles et arrêtés, qui plaisent à un si haut degré dans ses études, des groupes de collines indécis, comme ceux qui déparent beaucoup des meilleurs paysages flamands? Est-ce que le goût du pastiche gagnerait déjà M. Jolivard, l'imitateur simple et bonhomme (dans le meilleur sens du mot) de la nature française? Il serait fâcheux de voir tourner court un talent qui promettait et promet encore de remplir dans l'école française une place que personne n'a encore occupée.

J'ai déjà appelé l'attention de mes lecteurs sur les ouvrages de M. Gué. La *Vue du Puy-de-Dôme* saisit au premier abord par un habile parti de lumière, un sentiment vrai de la perspective aérienne, et de la hardiesse dans le modelé. Il y a de l'originalité dans la *Notre-Dame du Puy*, et une grande finesse de touche dans le tableau des *Environs de Paris*. L'écueil du talent de M. Gué est un ton gris qu'il répand sur ses ouvrages comme un rideau de poussière. La *Vue du lac Saint-Payin* est le moins heureux peut-être de ces paysages remarquables.

J'ai promis de revenir à M. Gudin, dont la *Vue de Saint-Pierre de Caen* doit être comptée parmi les ouvrages les plus agréables du salon. La négligence de la touche y est bien quelque peu sensible, si l'on regarde la tour baignée par cette jolie rivière si transparente, et surtout les arbres qui s'en échappent; mais à cinq pas la séduction est complète, et la fraîcheur du tableau, l'humidité des reflets, égalent ce que les Hollandais ont produit de plus parfait en ce genre. On remarque aussi du même maître une *Plage de*

Normandie au matin, si pleine d'eau et de soleil, qu'on sait à peine gré au peintre de son talent, tant l'effet paraît jaillir naturellement de son pinceau; heureux privilége de l'abus, duquel M. Gudin doit pourtant se défier!

Je dois citer encore avec éloge deux paysages ovales de M. Villeneuve, qui rappellent les plus jolis Asselyn; une étude d'après nature, vraie et sévère, de la *Vallée d'Agellez* par mademoiselle Sarazin de Belmont; deux petites vues touchées avec beaucoup de finesse, par M. Roqueplan; une *Forêt avec des monumens druidiques,* par M. Regnier, ouvrage remarquable et digne à tous égard d'un plus sérieux examen; des moutons rendus avec talent par M. Brascassat, avec un beau fond de la campagne de Rome; de jolis ouvrages enfin de MM. Ricois, Lapito, Dupressoir, Eugène Le Poitevin, Léopold Leprince, etc. En revenant aux paysages que le renouvellement mensuel va introduire au salon, nous essaierons de suppléer à ce que cette nomenclature présente nécessairement d'incomplet.

CHAPITRE X.

M. Horace Vernet. — Buste de Goethe, par M. David.

L'événement le plus singulier qui ait signalé l'histoire de l'art en France depuis deux siècles, celui dont les conséquences ont été si grandes, et qui pourtant est loin de les avoir toutes produites, c'est, à mon sens, le succès obtenu par M. Horace Vernet dans les premières années de la restauration. Sans vouloir faire passer l'artiste le plus spirituel de notre époque pour un Lambert Symnel, il est probable néanmoins que M. Horace Vernet, peintre si spontané, si naturel, surtout à son début, ne se doutait guère du rôle qu'il était appelé à jouer. C'est même une chose digne de remarque, que les plus importantes révolutions ne se font pas toujours par l'homme le plus tranché dans les idées de réforme, mais par un de ces caractères moyens dont personne ne prend peur d'abord, pas même lui, et qui pourtant suffisent à lancer l'esprit humain dans une voie nouvelle et infinie.

Tel fut M. Horace Vernet, alors que, moitié par imitation de son père, moitié par inspiration propre et non calculée, il commença à peindre ces souvenirs militaires que des événemens sinistres et une politique maladroite refoulaient plus profondément de jour en jour au cœur de la nation. Dès ce moment, la réputation de M. Horace Vernet s'établit sur des bases aussi populaires que pas une des réputations précédentes; la foule s'habitua à chercher ses émotions dans une toile de six pieds; elle s'enthousiasma d'elle-même représentée sans emphase et presque sans poésie, sans cette poésie, au moins, la seule que la nation française eût connue, et qui n'admet la peinture des événemens contemporains que sous les formes de l'apothéose théâtrale. Depuis, il s'est livré dans le sein de l'école des combats bien plus terribles en apparence; mais aujourd'hui que la lutte s'apaise, on commence à s'apercevoir qu'il ne s'est agi dans tout cela que d'une question de mots quant au public, querelle de famille pour les artistes, qui meurt le jour où l'on voit paraître de la peinture belle et forte, sans parti pris pour aucun système exagéré. Autre chose a été l'engoûment produit par les premiers ouvrages de M. Horace Vernet. Chaque maître qui survenait avant lui et prenait un rang élevé dans l'opinion, par cela même qu'il aspirait au plus haut, ramenait dans les masses leur superstition de confiance pour les maîtres les plus éloignés des idées modernes. Le talent de M. Vernet, au contraire, excitant dans certaines personnes un degré d'enthousiasme qui ne pouvait aller au delà, il s'ensuivit que les plus naïves ou les plus hardies lâchèrent le mot de leur indifférence pour les chefs-d'œuvre qu'elles ne comprenaient plus. Ce fut pour la peinture de style un coup fatal, comme celui que la révolution française a porté à la royauté.

Quel que fût toutefois l'enthousiasme du moment, l'imagination du peuple était en perte de jouissances. Au bout de peu d'années, le vide a produit le malaise, et par un retour que les caractères chagrins prendront pour un acte de justice, la foule s'en est prise, pour ainsi dire, à celui qu'elle avait trop aimé; elle l'a accusé d'avoir gâté les arts, et par ces reproches elle a presque gâté elle-même son prétendu corrupteur. La position était critique : pécheur involontaire, le peintre de Saragosse et de Jemmapes se voyait demander compte du degré d'impression que ses ouvrages avaient produit ; lui seul, après un tel scandale donné au monde, était capable sans doute de le réparer, en ramenant par son exemple le goût public dans les voies que ces premiers ouvrages lui avaient fait abandonner. M. Horace Vernet, ce négromant du dix-neuvième siècle, s'est donc avoué coupable de sorcellerie ; il a fait amende honorable en plein salon avec *Edith* en signe d'offrande, et puis il a fait vœu de pélerinage ; il est parti, non pour Compostelle, mais pour Rome. Depuis cinq mois, vous avez vu tous ses cilices : eh bien ! savez-vous quels sont ceux qui réclament avec le plus de violence contre cette palinodie, qui accusent Horace Vernet d'avoir forcé nature et cherché des routes presque impraticables à son talent? ceux-là mêmes qui depuis cinq ans ne cessaient de le pousser dans ces routes, ceux qui, ayant pu comparer la *Bataille de Montmirail* au *Massacre des Mamelucks*, ne savaient ce qu'ils devaient immoler à leur idole, de Rubens ou de Raphaël.

Tout le monde connaît la faculté merveilleuse de mémoire qui distingue l'organisation de M. Horace Vernet ; on sait que les détails les plus compliqués, les plus minutieux d'une action, d'une attitude, d'un costume, se peignent dans son esprit dès la première vue et ne s'en effacent pas ; de là cette vérité de pantomime et de disposition portée dans des sujets dont aucun peintre n'avait pu jusque là recompenser la réalité ; de là cette improvisation pittoresque qui ne laisse jamais hésiter l'artiste sur la traduction de sa pensée. Mais on comprend aussi combien une faculté si native, si irréfléchie pour ainsi dire, doit se montrer rebelle aux scrupules de la réflexion : il en est de M. Horace Vernet comme de l'homme doué à un degré éminent de facultés oratoires, et à qui le plus souvent la nature a refusé le talent de l'écrivain ; laissez s'épancher librement le torrent de la parole, et n'enfermez pas Mirabeau dans le cabinet. De même, dans les peintres, la faculté de la mémoire exclut, sous de certains rapports, celle de l'imitation : c'est donc raisonner à faux que de proclamer l'infériorité d'Horace Vernet, pour cela seulement que tel détail de ses meilleurs ouvrages aurait été mieux rendu par Charlet, et tel autre par Géricault. Cela ne prouve pas que Charlet ou Géricault eussent tiré un meilleur parti de l'ensemble d'un sujet militaire ; le premier redouterait sans doute l'entreprise, le second n'aurait pu se défendre d'une sorte d'arrangement ; à Vernet seul appartient le don de rendre le combat, non comme il s'est passé, sans doute, mais comme l'imagination peut le concevoir réellement, mathématiquement, à part de toute combinaison pittoresque.

Laissons donc la querelle où personne n'aurait dû la soulever; considérons Horace tel que la nature l'a fait, supérieur dans l'ordre de son talent à toute espèce de difficultés, incapable aussi, par les causes mêmes de sa supériorité, de franchir long-temps et constamment les bornes du genre dans lequel son nom, déjà européen, vivra plus d'un siècle. Il est à regretter que le salon actuel, où figure la *Bataille de Jemmapes* peinte depuis plus de dix ans, ne se soit pas enrichi de *Montmirail*, qui n'a non plus jamais figuré aux expositions du Louvre. *Jemmapes* ne donne qu'une idée imparfaite du talent d'Horace Vernet dans le genre stratégique, que son père avait non pas créé, mais renouvelé de Vander Meulen et des Parrocel. Dans cette première tentative on retrouve, sous des costumes différens, une disposition presque analogue au poncis des anciens peintres de batailles du Roi (car c'était une charge de cour). Dumouriez a le geste d'un Louis XIV au passage du Rhin; le fond du tableau pèche par cette froideur topographique qui est l'écueil du genre; plusieurs des épisodes répandus sur le premier plan manquent du sérieux ou de l'intérêt convenable : en somme, cette bataille, pour laquelle nous avons vu tout Paris s'étouffer dans une pièce de cinquante pieds carrés, est fort inférieure au *Marengo* de Carle Vernet, éclipsé à son apparition par les gloires de l'école historique, et qui maintenant prend au Luxembourg une éclatante revanche sur le plus grand nombre des tableaux contemporains.

Il y a plus de liberté, mais aussi plus de décousu dans la *Bataille de Valmy;* l'expression de la tête de Kellermann a quelque chose d'inexplicable : le ton des premiers plans ne s'accorde ni avec le ciel ni avec les fonds : si Vernet n'avait produit que ces deux tableaux, ce ne serait pas un grand peintre de batailles, même dans le genre purement stratégique.

L'ouvrage capital de M. Horace Vernet à cette exposition est sans contredit le tableau de la galerie du Palais-Royal qui représente l'*Arrestation des princes*. C'est d'abord un parti plein de hardiesse, que d'avoir développé sa composition sur les zig-zags d'un escalier; c'est aussi, comme sentiment d'observation, une donnée heureuse, que le choix du moment où la première réflexion succède à une fâcheuse surprise, et retrace à l'ame son désappointement et son dépit sous les plus vives couleurs. L'expression des physionomies est spirituellement graduée entre les trois princes ; le geste de Condé dit bien cette crispation d'une ame forte à l'aspect du ridicule : c'est un lion pris au trébuchet; Conti, plus charmant cent fois que nous ne le fait l'histoire, voudrait, au prix de sa vie, n'avoir pas trempé dans cette méchante affaire; quant au duc de Longueville, plus occupé de la goutte qui le travaille que de la prison qui l'attend, il regarde ses compagnons d'infortune pour connaître l'opinion et la contenance qu'il doit avoir : vrai *patito* de conspiration traîné par je ne sais quel malin génie à la remorque de deux jeunes gens impétueux, pécheur converti d'avance, et qui ne recommencera plus, s'il met le pied hors de ce mauvais pas. Un vieil officier tient les trois épées, et sert de guide aux princes ; c'est un homme aussi poli dans ses formes que fidèle à sa consigne, type de gendarme moulé sur le patron des cours ; puis, au fond, de la curiosité, des chuchottemens, du silence, de l'émotion, tout l'effet d'un événement étrange au milieu d'un temps romanesque. L'exécution de cet ouvrage est pleine de franchise et de facilité sans abus : toutes les figures se détachent en sombre sur le fond blanc de l'escalier ; les vigueurs sont réparties entre elles de manière à les reporter progressivement à leurs plans ; le Suisse, qui sert de repoussoir à tout le tableau, mérite d'être comparé aux plus belles figures du *François I*[er] de M. Gros ; c'est en somme un excellent tableau, peut-être le chef-d'œuvre de M. Horace Vernet. On voit clairement que si ce peintre a chance de dépasser ses limites habituelles, c'est dans les sujets qui demandent avant tout de l'arrangement et de l'esprit.

J'ai regret d'arriver aux envois de Rome après un ouvrage si complet ; les deux Tableaux de brigands, tout habiles qu'en soient les détails, supportent mal l'examen après les productions si franches et si caractérisées de Schnetz : il semble que M. Horace Vernet n'ait vu la nature sauvage de l'Italie qu'à travers les préjugés d'un touriste dandy ; le *Départ pour la chasse* dans les marais Pontins, piquant d'effet et de disposition, ressemble trop à une fuite de proscrits : le spectateur n'aime pas qu'on se joue ainsi de son émotion. On vante beaucoup les deux portraits de femme, et, à vrai dire, il n'est point encore sorti du pinceau de M. Horace Vernet d'ouvrages d'une exécution si précieuse; les bijoux, les dentelles, la soie, jouent le Holbein : mais il est à craindre que le peintre, si préoccupé de ces détails, ait trop cherché dans ses modèles un genre de beauté que la nature italienne ne reproduit ordinairement pas; ce nez si délicat, cette bouche si pincée, ne peuvent appartenir à la Vittoria, aux larges épaules, aux mains puissantes; il règne enfin un défaut d'harmonie sensible dans les plans de cette tête, et je doute que la faute en soit à la nature. L'autre portrait n'a pas ces imperfections, mais il manque de relief.

Judith est un de ces tableaux qu'on ne comprend qu'avec des commentaires, et qu'un peintre hasarde avec l'espoir que la biographie l'expliquera. De l'Orient, pas le mot, si ce n'est dans cette barbe du satyre endormi qu'on nomme Holopherne; Judith est une belle Florentine du seizième siècle, mitigée de goût français; l'agencement de ses draperies a de la richesse et de l'originalité. L'énergie du tableau est dans cette manche retroussée dont les ames simples se scandalisent; pour en soupçonner le sens, il faut qu'on se rappelle l'autre Judith de Christophe Allori, et la première *Danaé* de Girodet.

7

Le pape Pie VIII porté dans la basilique de Saint-Pierre se distingue par une grande puissance d'effet; la figure du pontife, ce vieillard louche à cheveux blancs, est remplie d'une majesté simple; sa mître et sa chappe d'argent modelées en pleine lumière, n'ont pas plus d'éclat que la nature n'en donne; les premiers plans ont moins de vérité : ce qui les dépare surtout, c'est la manière uniforme dont les têtes sont construites; mais la conduite générale du tableau, tout exagérée qu'elle est à certains égards, révèle dans le peintre une habileté du premier ordre. Après Titien et Paul Véronèse, il reste une belle place au Tintoret.

Je me proposais de clore cet article par l'examen des ouvrages de M. Eugène Lami, le plus distingué sans aucun doute des élèves de M. Horace Vernet, et qui cette fois a conquis son premier chevron de la manière la plus brillante; mais j'ai hâte de parler du buste colossal de Goëthe par M. David, ouvrage qui n'a fait que passer au salon, et qui à l'heure où j'écris s'achemine déjà vers Weimar. On comprend l'impatience que doit éprouver l'illustre vieillard, et l'on pardonne à M. David, en faveur de ce motif, de s'être privé d'un succès auquel tout Paris aurait voulu prendre part. Le buste du plus grand poète vivant de l'Europe a été modelé entièrement d'après nature par M. David, qui avait entrepris tout exprès le voyage de Weimar. On sent dans la manière toute pleine de chaleur qui caractérise cet ouvrage, l'émotion que donne l'accomplissement d'un long désir. La tête de Goëthe, comme celle de tous les grands génies, présente de grandes anomalies de construction ; la hauteur du front surtout est demesurée pour le reste de la face ; les sourcils et la paupière supérieure se projettent en avant avec toute la saillie d'une cymaise dorique : les joues pantelantes attestent les ravages du temps, mais la charpente osseuse ne s'en dessine qu'avec plus de force dans les rides ; et les coins de la bouche, contractés avec ironie, trahissent l'auteur de *Faust* sous les apparences du patriarche. Les cheveux n'ont pas cette tournure de bonhomie que l'Allemagne a rêvée pour son poète séculaire : âpres et hérissés, ils la couronnent comme une forêt touffue. C'est la rudesse d'Arminius unie à la finesse de Voltaire.

M. David, auteur de tant de bustes admirables, n'en a produit aucun de plus original et de plus savamment exécuté que le buste de Goëthe : le sentiment du colossal se retrouve dans le moindre des innombrables détails de cette tête ; c'est à la fois autant de plans que la nature en donne, et autant de largeur qu'elle en conserve dans cette multiplicité d'accidens. M. David a brusquement terminé son bloc par une fracture comme celles que le hasard de la destruction multiplie dans les monumens antiques. Aurait-il voulu par là se jouer de notre imagination, et nous faire penser au moins que, si pareil ouvrage fût tout d'un coup sorti de la terre, nous aurions manqué de termes pour exprimer l'admiration qui nous aurait saisis ?

Le buste de Goëthe est exécuté en marbre de Saint-Béat. Il montre le bel emploi que les artistes peuvent en faire, surtout dans les ouvrages d'une forte dimension.

CHAPITRE XI.

M. Léopold Robert.

Après huit jours de clôture, le salon vient de se rouvrir avec de notables augmentations et d'heureux changemens dans la disposition des tableaux dejà connus. Les deux grands ouvrages de M. Schnetz, *la Barricade* de M. Delacroix, *la Judith* de M. Horace Vernet, *le Moïse* de M. Orsel, occupent maintenant les plus belles places du grand salon, avec *le Pape* de M. Vernet, le portrait du Roi de M. Scheffer, et quelques ouvrages moins dignes que les précédens de captiver les suffrages. Parmi les nouvelles acquisitions que nous avons faites, nous signalerons plusieurs marines de M. Gudin, une *Plage de Normandie* de M. Eugène Isabey, un *Intérieur de Port oriental* par M. Decamps, un très beau portrait de femme en pied par M. Champmartin; une *Jeune femme allaitant son enfant*, admirable étude de M. Steuben; de nouveaux paysages de mademoiselle Sarazin de Belmont, un beau portrait de M. de Laborde, et quelques tableaux de genre dignes de la réputation de M. Scheffer aîné; un *Cavalcatore* conduisant des bœufs, par M. Horace Vernet, etc.

Au milieu de ces ouvrages, trois tableaux nous paraissent mériter une attention particulière; le premier, que la grande masse du public regardera comme un début, représente les *Suisses s'emparant du château de Holzberg*, en 1308 son auteur est M. Lugardon, de Genève; dans le second, M. Bonnefond a peint un évêque grec donnant les cendres à des paysans romains; nous tâcherons de revenir avec détail sur ces deux ouvrages d'un mérite peu commun.

Mais le tableau capital, celui qui paraît appelé au plus grand et au plus légitime succès, est l'*Arrivée des moissonneurs dans les marais Pontins*, par M. Léopold Robert. Tout le monde se rappelle le retour de *la Madonna de l'Arco* à l'exposition de 1828; l'ouvrage que nous possédons cette fois est de la même dimension, et paraît destiné à faire le pendant du premier. Le père de famille, qui habite l'une de ces villes si pittoresquement logées sur la chaîne majestueuse de montagnes par laquelle les marais Pontins sont bornés à l'orient, est parti de Piperno, de Cora et de Sezze, pour les champs qu'il possède dans la plaine; quand il arrive le soir au centre de ses moissons, le soleil, qui s'abaisse derrière les sommets de la presqu'île de Circé, ne dore plus d'une vive lumière que les corps placés à une certaine hauteur, et déjà l'ombre se grave en traits noirs sur la figure des moissonneurs et dans les plis de leurs vêtemens. Le chariot rustique traîné par deux buffles hideux s'est arrêté; le maître donne le signal de dresser la tente, qu'un jeune homme commence à déployer derrière lui : cependant les groupes de travailleurs se rassemblent autour du chariot; à gauche, trois femmes s'avancent avec rapidité; à droite, deux hommes dansent au son de la cornemuse; un des conducteurs, armé de sa lance ferrée, assis encore sur un des buffles, contemple cette scène animée; l'autre, appuyé contre le timon au centre de l'attelage, fixe sur les moissonneurs un regard fier et intelligent. Une jeune femme son enfant dans les bras, un vrai type de Raphaël, est placée sur le chariot à côté du père de famille; d'autres figures de paysans, dans des attitudes variées, peuplent les seconds plans du tableau. Nous chercherions en vain à donner une idée du charme et de la grandeur qui règnent dans toutes les parties de cette scène ; que ceux qui savent apprécier le talent de Robert, et qui ne peuvent voir encore son nouvel ouvrage, se représentent ce que ce peintre a conçu de plus vrai et de plus élevé, rendu avec une puissance qu'on ne lui a jamais connue ; un ciel d'une dégradation merveilleuse, un paysage chaud, nourri et varié, une finesse de ton exquise dans les figures éclairées en plein, une vigueur sans obscurité dans celles qui ne sont que frappées à la surface ou reflétées, et, par-dessus tout, un dessin d'une correction achevée, des airs de tête comme personne n'en trouve plus, une pantomime forte comme le Poussin et naïve comme Holbein... Je préviens la critique qu'elle aura encore à relever des ombres cernées avec dureté dans les linges, quelque chose d'opaque dans les têtes que la lumière ne frappe pas, surtout celle d'une jeune fille qui porte des grappes de maïs ; quant à nous, aujourd'hui, nous ne pouvons qu'exprimer notre profonde admiration pour un talent auquel notre prédilection s'est depuis long-temps attachée, mais sur lequel nous n'avions jamais osé exprimer notre opinion avec tant de confiance. Au surplus, après l'avoir en partie concentrée au dedans de nous-même depuis sept ans, nous finissons par n'être que l'écho des artistes les plus distingués de notre école, qui tous, sans distinction d'habitudes ou de partis, ont applaudi au tableau de Robert avec un vif enthousiasme. Après le plaisir que produit l'apparition d'un ouvrage d'un tel ordre dans le temps où nous vivons, c'en est un non moins réel que de voir s'épancher ainsi l'ame des artistes, dans un de ces momens où l'impression du beau dompte les amours-propres et brusque les considérations d'intérêts.

Trois autres ouvrages du même peintre avaient, dès l'ouverture du salon, révélé les progrès de son talent. Le plus important des trois représente une femme des environs de Naples qui pleure sur les ruines de sa cabane renversée par un tremblement de terre. On peut reprocher à ce tableau le ton grisâtre et uniforme du paysage. L'enfant qui joue dans le berceau à côté de sa mère est rendu avec quelque négligence, mais l'attitude de la jeune femme et l'expression de son beau visage sont au dessus de tout éloge. *Les jeunes filles de Sonino*, dont l'une ôte une épine du pied de sa compagne, offrent une composition d'une simplicité antique; la couleur de ce petit tableau, bien que légèrement opaque dans les chairs, est pleine de vérité ; mais celui de ces ouvrages qu'après un examen répété nous préférons aux deux autres, est le *Concert rustique des piferari* aux pieds de la madone ; la pose des deux petites filles qui les écoutent ne peut appartenir qu'à Robert ; Schnetz ni Granet n'auraient rien ajouté à la puissance d'effet du reste du tableau.

D'autres ouvrages sont venus encore cette fois augmenter le contingent de M. Robert ; mais il vaudrait mieux pour lui qu'il se fût borné aux quatre productions dont nous avons parlé ; il est étrange qu'en même temps que M. Robert nous envoie son chef-d'œuvre, la même caisse contienne deux tableaux qui nous feraient croire à la décadence de son talent. La force d'exécution que M. Robert a conquise lui ferait-elle perdre quelque chose du soin scrupuleux qui donne tant de prix à ses moindres productions ? On ne se doutait guère, il y a six ans, qu'on avertirait un jour M. Robert de se défier de sa facilité.

Ces dernières observations ne s'appliquent pas à une figure grande comme nature d'*un grec aiguisant son poignard*, qui paraît renfermer des beautés, mais qu'on a placée trop haut dans le grand salon pour que nous puissions en parler avec connnaissance de cause.

La route que M. Robert a suivie pour arriver au point où nous le voyons aujourd'hui, donne lieu à de sérieuses réflexions. C'est quand l'école se reposait avec le plus de confiance dans les théories de l'imitation antique, et dans les préjugés de l'académie, qu'un instinct d'une admirable justesse l'a mené là où les plus beaux talens croyaient être parvenus depuis plus d'un quart de siècle. Avant lui, trois hommes ont su marcher dans la voie des anciens; Michel-Ange, dans ses sculptures de la chapelle des Médicis, et dans ses *Prisonniers* du Musée du Louvre; Puget, dans son *Milon*, dans son *Saint-Sébastien* et dans les cariatides de l'hôtel-de-ville de Toulon, ont deviné le sentiment d'exécution des sculptures de Phidias; Lesueur, vivant à Paris dans un cloître de chartreux, a fait de la peinture antique pour l'hôtel Lambert, cent ans avant les fouilles d'Herculanum; je serais presque tenté de joindre à cette liste si courte le nom de Géricault, qui ébauchait au couteau, sur les murs de son atelier, des motifs dignes de la frise du Parthénon.

Hors de ces exemples, nous avons l'art chrétien qui ne vaut peut-être pas moins que l'art antique, nous avons des imitations sublimes comme Poussin en savait faire et comme David en rêvait, nous avons *la Psyché* de M. Gérard et *l'Endymion* de Girodet, mais il n'y a que Robert qui rentre dans le sentiment antique sans passer par les statues. Pour arriver à ce point, il se replace au milieu des mêmes hommes et sous le même ciel ; au lieu d'un peuple tout entier à peine sorti de la barbarie, et tout plein encore de la vigueur qu'elle communique, il ne trouve plus que des souvenirs de l'état primitif, ou des retours à la vie ancienne, dans cette classe d'hommes que la vie des champs et des montagnes a mis à l'abri de toutes les révolutions sociales ; ces hommes, il ne les torture pas, il ne cherche pas à voir en eux ce qu'ils n'ont jamais pu être ; mais il lit dans leur conformation, dans leurs traits, dans leurs habitudes, ce cachet d'une nature forte et simple, que nous autres races dégénérées, prenons par amour-propre pour des rêves d'une imagination exaltée, quand nous le retrouvons dans les œuvres de l'art. Oui, dites-vous, c'est là le talent de Robert ; c'est un homme de conscience qui copie avec naïveté et même avec quelque peine une belle nature qu'il a le bon esprit de ne jamais perdre de vue ; du reste, le choix des sujets, la composition, le drame, il semble à peine s'en inquiéter.

Mais si cette borne que vous assignez à la pensée de Robert, l'antiquité elle-même ne l'avait dépassée que rarement? Faut-il plus que l'imitation simple et élevée de la nature pour produire ces ouvrages qui soulèvent d'autant plus d'émotion dans notre ame, que le peintre a moins eu pour but de nous communiquer une impression déterminée, imitateur en cela des effets de la musique, les plus vagues dans leur objet, et les plus puissans sur notre ame ? Et si en définitive la faculté d'imitation, à laquelle vous voulez réduire le talent de Robert, était quelque chose de si facile, d'où vient que personne ne tire des mêmes objets ce qu'il a su y voir ? d'où vient qu'un modèle, copié deux cents fois par d'autres artistes, semble vivre tout à coup d'une vie supérieure en passant sur la toile de Robert ?

Né dans un siècle d'imagination, Robert eût appliqué son talent à des sujets religieux ; au milieu d'une époque de calcul, il ne traite que des sujets matériels. C'est un résultat assez triste; mais l'instinct, plus sûr que la réflexion, devait l'y conduire.

Après une analyse si savamment appliquée à toutes les phases et à toutes les formes de la pensée humaine, l'art antique, la plus méconnue de ces formes devait se justifier des théoriciens et des imitateurs ; je crois lire son testament dans les tableaux de Robert. L'avenir produira sans doute encore de grands et beaux ouvrages ; on apprendra à peindre gravement nos mœurs, notre pays, notre histoire ; l'art parcourra des voies que nous ne pouvons guère deviner. Mais qui peut nous faire espérer une nouvelle résurrection de cette pensée que nous ne trouvons que sur des marbres mutilés et dans les mots d'une langue dont les sons n'arrivent plus jusqu'à nous ? Quelles circonstances réuniront dans le même homme la conscience d'Holbein, la naïveté de Gessner, (non comme poète, mais comme artiste), la pureté de goût de Claude Lorrain, et cet amour sans lequel il n'est point de grand peintre, et dont Raphaël est le type le plus sublime ? Si, avec ces qualités que personne ne lui conteste, Robert n'est pas le plus habile peintre que nous puissions rêver, si, tout supérieur qu'il est, son mérite est encore une énigme pour tant de monde, c'est que, malgré les expositions du Louvre, les croix d'honneur et les articles de journaux, toutes choses auxquelles Léonard et J. Goujon ne pensaient guère, c'est un malheur pour l'homme qui ne sait être qu'un grand peintre, de vivre en l'année de grace 1831, un demi-siècle après la révolution d'Amérique, et cent soixante ans, six mois, vingt et un jours après la mort du Poussin.

CHAPITRE XII.

Les Classiques.

Il n'y a au monde que la France où la lutte d ce qu'on appelle les classiques et les romantique (en peinture s'entend, car je hais les question trop générales), où cette lutte, dis-je, ait pu s balancer avec des chances égales pendant plu sieurs années, et ne finir par le triomphe d'au cun des deux partis. Voyez les autres écoles Florence dessine, Venise colore, l'Espagne se résume en Murillo, toute l'Allemagne est dans Albert Durer, l'Angleterre perpétue Reynolds, la Flandre ne se jette un moment dans l'imitation de Raphaël que pour se réfugier presque aussi- tôt, confuse de son erreur, dans les bras d'Otto Venius et de Rubens. Rome seule présente l'ap- parence d'une lutte de principes, par la raison que Rome est plutôt le théâtre de toutes les écoles italiennes que le siége d'une école particu- lière. Mais en France quelle confusion ! Des Flamands comme Janet, Greuze, Chardin, Wateau, Largillière; des Italiens comme Poussin, Lesueur, Claude Lorrain, Stella; des hommes tels que Vouet et Lebrun, à la fois italiens et flamands; le tout assaisonné de disputes interminables sur le vrai but de l'art, d'une inconstance perpétuelle dans les principes et la pratique, et des deux parts une exagération égale qui ne laisse guère au talent réel qu'une voie bien décriée de nos jours, celle du *juste-milieu*. Tel est en effet le goût qui a presque toujours dominé dans cette lutte; fruit du raisonnement beaucoup plus que de l'inspiration, il se nomme philosophique dans le bon sens, et académique dans le mauvais. Aujourd'hui que l'école des quarante dernières années commence à plier bagage, le moment est venu peut-être d'examiner à quelle part elle a droit dans l'une et l'autre dénomination.

Et d'abord, qu'entend-on par classique? Est-ce la molle et gauche imitation de la nature substituée par Vien aux boutades des Natoire et des Boucher? Serait-ce l'idéal de Regnault, lourde méprise sur l'imitation de l'antique, expression de cet hellénisme factice qui couvrait d'un voile officieux la corruption du directoire? Prendrez-

vous pour type David, muselé d'abord par Br[u]
net et Barthélemy, brisant ensuite sa chaîne, [e]
se passionnant pour Valentin, puis se faisant gre[c]
sous Tischbein et Hamilton, romain sous Peyron[,]
puis rentrant dans la voie de la nature en présence du cadavre de Marat, la traduisant pa[r]
fragmens, en désespoir peut-être de jamais l[a]
saisir d'ensemble, puis enfin subjugué dans s[a]
vieillesse par les merveilles de la couleur flamande, et tâchant pour dernier effort de l'em-
prisonner dans un contour florentin ? Peut-êtr[e]
aimeriez-vous mieux, prenant tout ce qui précède comme des tentatives isolées et souven[t]
infructueuses, ne choisir pour exemple que le[s]
hommes qui se sont formés sur les principes dé-
veloppés par David à compter des *Sabines*, e[t]
dont le but a été exclusivement, et sans accep-
tion de composition ni de style, de rendre l[a]
nature avec fermeté et correction ; enfin ceux q[ui]
aiment à voir les choses du bon côté, résumant
à part de tout système, ce qui depuis 1787 [a]
conquis une place durable dans la peinture, l[e]
Portrait du pape, la composition de *Socrate*,
quelques figures des *Sabines*, et une moitié du
Sacre de Napoléon, les batailles de M. Gros,
la *Psyché*, et *le Henri IV* de M. Gérard, la

Clytemnestre de M. Guérin, le *Déluge* et les trois quarts des *Révoltés du Caire* de Girodet, Prudhon presque tout entier, nous demanderont si rien de ce que nous avons sous les yeux nous paraît à la hauteur de ces ouvrages, et si une école qui a produit de tels résultats peut être aujourd'hui traitée avec indifférence et dédain.

A Dieu ne plaise que nous nous mettions dans le cas de mériter ces reproches! mais franchement est-ce une bonne manière de raisonner que de prendre pour type d'une école ce qu'elle a produit de plus remarquable, et par conséquent de plus conforme aux règles universelles du beau, ou plutôt de la louer par les ouvrages que ses préjugés lui ont souvent fait repousser à leur apparition? Or, ce que votre conscience vous forcera aujourd'hui de proclamer supérieur à tout le reste, est-ce bien précisément ce qu'on regardait comme tel il a vingt ans? Il y a donc suspicion légitime contre la tendance générale de l'école classique dans toutes ses phases.

Remarquez ce symptôme d'une mauvaise direction : certes, il n'existe rien de plus dissemblable au premier abord que le goût de la Frandre et celui de l'Italie; prêterez-vous pourtant à Rubens ou à Teniers des théories bien hostiles à l'école italienne; Rubens qui peignait à Rome (et fort mal) dans le goût des Carraches, Teniers qui faisait religieusement graver les André del Sarte et les Giorgion de l'archiduc Léopold? Ainsi Albert Durer, à qui Raphaël faisait renier l'Allemagne; ainsi Raphaël et Michel-Ange qui se passionnaient pour les estampes d'Albert Durer. Maintenant croyez-vous que la grande masse des hommes qui ont paru depuis trente ans ait apprécié pleinement la supériorité des anciens maîtres? N'avez-vous pas quelquefois surpris, dans un moment d'épanchement, quelques adeptes indiscrets, l'un avouant qu'à ses yeux on n'avait pas su faire de peinture avant David, l'autre soutenant que parmi les prédécesseurs de Drolling on ne pouvait citer comme peintre que Cigoli? Et qu'on ne dise pas que dans toutes les écoles les petits ont dû nourrir des préjugés que les maîtres n'avaient pas. Il est des principes que jamais peintre n'avait méconnus et qui formaient comme un lien commun entre tous les pays : la largeur de manière obligée dans les grands ouvrages, et la perfection de détails indispensable dans les petits; la vérité de mouvement supérieure à la vérité de construction, le rapport des costumes avec le caractère des figures représentées : telles sont en partie les règles sans l'observation desquelles jamais homme, dans quelque lieu et dans quelque temps que ce fût, n'a été considéré long-temps comme un grand peintre. La réaction qui s'est opérée depuis quelques années contre l'école prétendue classique, n'est que le résultat d'un retour incomplet, mais réel, à ces principes. Aussi, dans ce dernier point de vue, regardons-nous certains ouvrages, tels que les *Pestiférés de Jaffa* et *la Justice poursuivant le Crime*, comme des protestations contre le type classique, bien plus que comme des modifications de ce type. Ingres et Robert sont à nos yeux des réformateurs tout autant que Géricault. Ce qui prouve que l'erreur était complète, c'est que la vérité rentre par toutes les portes à la fois.

Il sera donc vrai de dire que l'école classique n'a marché dans l'obéissance que quant aux formes extérieures de la peinture, et qu'elle a vécu dans l'anarchie pour tout ce qui concerne le sentiment intime de l'art. Anarchie dans la manière de comprendre la nature, anarchie dans les procédés d'imitation, constance seulement dans une certaine uniformité d'attitudes, de draperies, d'arrangement ; le pire de tous les cachets, puisqu'il est le produit, non d'exigences naturelles, mais de conventions qui violent la nature.

Au bout d'un petit nombre d'années, on en était venu au point que la valeur des hommes n'était plus rien auprès de l'habitude pour conquérir un rang distingué dans l'école; la palme n'était plus au plus habile, mais au plus patient; le succès pouvait se calculer d'avance comme le lever d'une étoile; c'était un *chacun son tour* admirable de sang-froid et de régularité. Qu'y a-t-il donc d'étonnant à ce que de jeunes artistes pleins de mérite, qui savaient peser celui des lauréats de l'école et du salon, se soient trop pressés peut-être à troubler ces fêtes de famille? qu'ils aient trouvé pour soutiens des adeptes plutôt que des conseillers; et qu'après avoir sapé de vaines réputations, la victoire leur échappe aujourd'hui pour avoir plus songé au jour du combat qu'à celui qui devait le suivre? Peut-être n'y a-t-il encore là rien de définitif.

En attendant, payons un dernier tribut au petit nombre de classiques qui ont conservé assez de confiance ou de candeur pour paraître au salon sous leur ancien costume. A ce titre, je n'en pourrais nommer un plus respectable que M. Granger : dessinateur correct et consciencieux, il a dû s'habituer de bonne heure à regarder la peinture propremênt dite comme un enjolivement fort gracieux, mais jamais nécessaire au travail du crayon. Aussi, comparez le carton de l'*Adoration des Mages* au tableau de l'*Annonciation;* qui ne voudrait, pour l'honneur de M. Granger, qu'il se fût dispensé d'ajouter à ce dernier ouvrage ces teintes blafardes et plaquées, cette *couleur de chair la plus fine*, comme le *grognard* de Charlet en veut pour son argent? Au moins si la Vierge paraissait vulgaire sous les plis compassés de son vêtement, trouvera-t-on à l'ange un caractère de pureté convenable au sujet. Dans le carton, au contraire, M. Granger triomphe; il est maître, il est hardi, il modèle, il tranche, il arrive. Mais l'expression, la composition, l'art de renouveler un sujet traité de tant de manières? Que voulez-vous? C'est toujours la même chose qu'il y a dix ans : des mains sur le cœur, des bras en l'air, des jambes équarquillées, trois modèles à barbe, une tête d'expression, cinq mannequins, et deux nègres *pour égayer la phrase*. C'est dans le saint Joseph que brille surtout la naïveté de l'école classique. Autrefois on se donnait beaucoup de mal pour déterminer l'action de ce personnage, embarrassante toutes les fois qu'il ne s'agissait pas de conduire l'âne ou de cueillir des cerises ; on lui mettait un livre à la main, ou on le plongeait dans la méditation : beaucoup le faisaient dormir, à l'exception des Flamands, qui l'aimaient surtout armé du rabot ou de la doloire. Mais chez nos classiques ! Tantôt il dit *voici*, tantôt il dit *voilà*, ou : *Je vous suis bien obligé*. Les autres s'en tenaient à la simplicité de l'Évangile; on nous ramène à celle de l'âge d'or.

L'*Adoration des Mages* de M. Caminade est composée dans le même système que le carton de M. Granger; mais le prestige d'un pinceau habile dissimule en partie ce que la conception et les airs de tête ont de peu original. M. Caminade sait rendre une tête avec cette fermeté vraie qui appartient à un assez grand nombre d'élèves de David; il a porté cette qualité dans presque toutes les parties de son tableau, et l'a conduit avec plus d'ensemble qu'il n'appartient à son école et à sa génération.

Le même sujet a été traité une troisième fois par M. Couder dans un tableau où messieurs les Mages ont de belles barbes et de bien grands bonnets. Je ne sais que dire d'ailleurs de cet ouvrage, où l'auteur a abordé avec quelque inexpérience les difficultés du clair-obscur.

M. Lancrenon est beaucoup plus sûr de son fait. Quoi qu'il arrive, il a son fleuve et sa nymphe, dont il suffit de varier un peu l'attitude. Au premier abord, j'ai cru qu'il suivait cette fois l'histoire de Scamandre; et comme il avait l'air de passer au second acte, je tremblais pour la morale qu'il n'abordât au prochain salon l'inévitable dénoûment de l'anecdote; mais le livret m'a rassuré en me donnant les noms d'Alphée et d'Aréthuse : ce que je prenais pour un commencement d'*agitato* n'est donc qu'une variation du même *cantabile*. M. Lancrenon aura beaucoup à faire s'il veut moduler ainsi sur le même ton les amours de tous les fleuves et de toutes les naïades.

J'ai vu bien des gens ouvrir aussi de grands yeux devant le tableau de M. Delorme, représentant *Léandre* noyé *et Héro* qui va l'être. Ici c'est bien un parti pris de mener l'histoire jusqu'au bout; heureusement qu'une superbe moralité la termine. Nous avons vu d'abord la chambre à coucher d'Héro, joli tableau moitié mignard, moitié gracieux, qui me donnait à penser les *jours de sortie* du collége; puis est venue la crampe fatale de Léandre, puis arrive enfin la consommation de l'histoire, que M. Delorme a mise sur une grande échelle, sans doute pour l'édification du spectateur. Nous pensons assez de bien du talent de M. Delorme pour espérer qu'il en fera désormais un usage moins monotone. Quant à la perpétuité des traditions de la dernière manière de Girodet, toutes raides et toutes crues chez M. Lancrenon, modifiées chez M. Delorme par un goût quelque peu particulier, je n'ai rien à en dire, si ce n'est que de toutes fausses voies où jamais la peinture s'est fourvoyée, il n'en est pas, selon nous, de plus contraire à la nature et au bon sens. Rien de plus affligeant sans doute que de voir un homme comme Girodet, doué d'une organisation admirable pour la peinture, donner dans les rêveries d'un véritable illuminisme ; mais encore est-ce une étude curieuse que fournit cette aberration mentale d'un grand talent. Dans ses imitateurs au contraire, pauvres et frêles enfans étouffés sous les replis d'un serpent vigoureux, que chercher aujourd'hui, si ne n'est des motifs d'ébahissement pour les uns et de compassion pour les autres ?

Passe pour M. Forestier. C'est là un homme qui s'est fait lui-même, qui a voulu fortement une chose, bonne ou mauvaise. La poétique de M. Forestier, il faudrait qu'il la développât lui-même; au moins est-ce là une peinture si particulière, qu'on ne peut se l'expliquer, ni par les inductions naturelles, ni par l'exemple des maîtres anciens, ni par les doctrines mêmes de l'école dont M. Forestier est sorti : autant que je puis me rendre compte de la pensée de cet artiste (ce dont je ne me flatte nullement), c'est à l'extrême réalité de la forme qu'il a la prétention de parvenir. Pour arriver à ce but, et pour faire mieux dans ce genre que Drolling et que Langlois, la nature elle-même doit revêtir des formes plus solides : les cheveux deviennent du marbre noir, les draperies de la tôle, les chairs du cuir bouilli ou quelque chose d'approchant; il résulte de tout cela un je ne sais quoi de raide, de dur et en même temps de puissant, qui ressemble, sous quelque rapport, aux figures que Michel-Ange a peintes avec le plus d'humeur et de *sauvagerie* dans son *Jugement dernier*. Ce que j'en dis, c'est avec la plus grande réserve; car, qui sait si un jour la peinture de M. Forestier ne se trouvera pas la seule forte et belle? En attendant, je dois convenir que le *Saint-Front* de cet artiste rappelle presque toutes les qualités qu'on admire dans le *Possédé* du même auteur, à la galerie du Luxembourg.

L'ouvrage le plus remarquable que les classiques puissent revendiquer à cette exposition, est sans contredit le *Moïse* de M. Orsel. Sans doute l'ordonnance de ce tableau rappelle trop le froid compassement qu'on exigeait, il y a quelques années, dans l'école, sous peine de damnation : peut-être même la pensée en a-t-elle été conçue à une époque où les compositions de M. Guérin étaient l'objet d'un culte plutôt que d'une admiration réfléchie : peut-être aussi M. Orsel a-t-il cru faire accepter, au moyen de la nouveauté des accessoires, une disposition de lignes qui appartient à certains ouvrages du Poussin. L'idée de traiter les sujets de la *Bible* avec les ressources que donne l'archéologie orientale, ne date que d'un petit nombre d'années ; les Anglais ont fait la première tentative, et sont arrivés tout d'un coup à un résultat remarquable dans des vignettes de petite dimension. La grande difficulté que présente ce genre, traité dans les proportions de la nature, est de recréer non seulement les costumes exacts, mais encore l'effet et la tournure que leur donnait la conformation des races qui les avaient inventés. Ce désaccord presque inévitable se fait surtout sentir chez M. Orsel dans la figure de la fille de Pharaon, et il est impossible de se figurer que cette femme, d'un type complétement européen, porte un habillement fait pour elle. Aussi, quelque gré qu'il faille savoir à M. Orsel des recherches consciencieuses auxquelles il s'est livré, quelque variété piquante que cette étude répande sur le fond et sur tous les accessoires du tableau, le succès du peintre est-il plus franc dans les figures dont l'ajustement est le plus simple. Le mérite d'expression vraie et profonde qui distingue la mère de Moïse et la jeune fille qui l'accompagne, révèle dans M. Orsel un homme appelé à rendre les passions, un peintre vraiment intellectuel. Espérons que ce peintre donnera bientôt l'occasion d'admirer l'emploi de cette qualité, la plus rare de nos jours, et surtout en France, sous d'autres livrées que celles de l'école le plus rarement intellectuelle qui ait peut-être existé. Ajoutons aussi que la couleur de M. Orsel, sans avoir cet éclat qui captive la vue, est aussi bonne qu'on peut l'espérer, avec une grande conscience de modelé et une recherche extrême dans les contours; certes, c'eût été une grande nouveauté, il y a dix ans, qu'un tableau où l'air circule avec tant de liberté, et où le sentiment de l'ensemble se trouve ainsi réparti sur tous les détails.

CHAPITRE XIII.

M. Schnetz. — M. Pradier.

Je viens un peu tard à M. Schnetz ; la faute en est à la place qu'occupaient dans l'origine les deux principaux ouvrages de ce peintre, et où il était presque impossible, vu l'éloignement, d'en porter un jugement certain. Depuis le remuement qui a eu lieu, le public a pu mieux apprécier le mérite de ces importans tableaux ; mais comme c'est de nouveautés qu'on est avide quand une exposition a duré seulement six semaines, l'espèce de froideur fort injuste, selon nous, avec laquelle ont été accueillies les productions de M. Schnetz, n'a fait place que chez un petit nombre de personnes au sentiment d'une admiration réfléchie. Ce n'est pas que M. Schnetz ne soit un des peintres les mieux appréciés de l'école non seulement par les artistes, mais encore par la partie éclairée du public ; mais on ne lui a pas suffisamment tenu compte des progrès que signa lent ces nouveaux ouvrages, surtout celui qui représente *des Malheureux qui implorent les secours de la Vierge.*

Le talent de M. Schnetz, qui offre avec celui de M. Robert des points de ressemblance, en diffère, selon nous, par un caractère fondamental. Ce caractère a son principe bien plus dans la différence d'organisation des deux artistes que dans une opposition de système, tous deux se proposant le même but, l'imitation pure et simple d'une nature dont les ressources doivent suppléer à ce que d'autres peintres paraissent exclusivement chercher, l'originalité des sujets, le mouvement de la composition, la variété de l'expression.

En m'exprimant ainsi, je suis loin d'oublier que M. Schnetz a fait de très beaux tableaux d'histoire, et que, grace à Dieu, il n'a pas renoncé à en produire de nouveaux. Mais si l'on étudie avec soin les plus importans de ces ouvrages, la *Sainte Geneviève*, le *Boëce*, même la *Bataille de Senef*, on trouvera que ce qui donne corps à ces productions, ce qui en fait l'œuvre d'un maître, c'est moins le bonheur de la conception générale, ou le talent déployé dans la partie principale du sujet, que la force prodigieuse de certaines figures accessoires,

moitié vulgaires, moitié grandioses, des sou
dards basannés, de vieilles femmes serrées dans
les plis de leurs rides comme dans un filet, vérita
bles signatures du nom de Schnetz, et qui ne per
mettent pas que le plus imparfait de ces tableaux
tombe dans l'oubli. J'excepterai pourtant de cette
observation d'abord le *Bon Samaritain*, placé au
jourd'hui dans la cathédrale de Valence, ouvrage
qui fonda la réputation de M. Schnetz comme co
loriste, avant son départ pour l'Italie, et la *Mort
de Mazarin*, composition vraiment historique
et à laquelle l'école n'aurait peut-être rien à op
poser si les figures de Louis XIV et de Colbert
répondaient à celle du ministre expirant. Hors
de là, M. Schnetz n'est, pas plus que M. Robert,
un peintre à conceptions historiques ; et si l'on
considère l'élévation de sentimens qui anime ce
dernier, peut-être l'idée d'infériorité qui s'atta
che à celui dont les ouvrages ne dépassent pas
matériellement une certaine dimension, sera
t-elle plus que compensée... C'est effectivement
et dans toute l'étendue du mot, un artiste an
tique que M. Robert. M. Schnetz, au contraire
puise rarement ses inspirations dans un ordre
plus élevé que *Ribera* ou le *Caravage*; et en cela
les ouvrages de M. Schnetz sont moins le résul

tat d'un système *a priori* que l'expression naïve et fidèle de son éducation pittoresque. C'est un reflet exact de cette dernière époque de David, où le maître, plus amoureux que jamais de la force du ton combinée avec celle du modelé, mais sentant déjà défaillir ses facultés d'exécution, aimait à voir ses nouvelles idées exprimées par le pinceau de M. Rouget; de là cette tendance remarquable chez M. Schnetz à tracer carrément les contours de ses figures, tout en reproduisant le ton local dans toute son énergie, comme si l'une de ces qualités n'excluait pas l'autre en partie; au moins tous les maîtres coloristes paraissent-ils avoir éprouvé le besoin de laisser fuir les bords de leurs figures pour conserver aux milieux toute leur valeur. Tant il y a, qu'appliquant la pratique supérieure qu'il avait gagnée dans l'école à une nature profondément sympathique à son talent, M. Schnetz s'est ouvert une route où personne ne l'a précédé, et dans laquelle il a la gloire incontestable d'avoir guidé les premiers pas de M. Robert.

Tel qu'il est aujourd'hui et avec la maturité qu'il a acquise, M. Schnetz doit être considéré comme un maître qui possède à un degré supérieur les qualités essentielles de la peinture, mais qui n'en fait qu'une application limitée, bien plus par le sentiment de ce qu'il peut produire en se renfermant dans ces limites, que par l'impuissance de rien faire au delà. On peut donc se reposer sur M. Schnetz du succès de ses ouvrages, toutes les fois qu'il en conçoit lui-même le sujet ; s'il a quelquefois moins réussi, c'est quand il se trouvait obligé d'exprimer d'autres idées que les siennes. Pareille chose est arrivée à M. Gros, et aurait pu être reprochée à Michel-Ange. La souplesse est souvent l'apanage du génie, mais ce n'est point une qualité qui lui soit nécessairement inhérente.

Le sujet des *Malheureux implorant le secours de la Vierge* est tellement approprié au talent de M. Schnetz, qu'on doit croire que la pensée lui en appartient, ou qu'elle n'a pu venir que d'un homme auquel les ressources de son talent étaient parfaitement connues. Le peintre s'est attaché à rendre en action ces paroles des Litanies de la Vierge : *Consolatrice des affligés, priez pour nous*. Il a choisi pour lieu de la scène une église de la campagne de Rome, dans laquelle une figure miraculeuse de la Madone attire un grand nombre de paysans. C'est dans cette partie si profondément pittoresque de la population italienne, que M. Schnetz a choisi les acteurs de son tableau.

La forme oblongue de la toile, résultat d'une convenance locale, présentait une grande difficulté de composition. Il n'est pas non plus inutile d'avertir le public que ce long ruban actuellement aplati tout entier dans le cadre, doit se relever par les deux bouts à la place destinée, de manière à donner une surface légèrement concave. Cette observation explique dans quel but M. Schnetz n'a serré sa composition que vers le centre du tableau. Quant à une action unique, le sujet ne la comportait pas : l'art devait consister à disposer un épisode assez considérable pour que tous les autres parussent à l'œil se grouper à l'entour. Cet épisode est celui d'un père et d'une mère qui ont amené leur fils de quatorze ans environ, malade de la fièvre, aux pieds de la Madone, et implorent sa guérison. L'enfant, dont la pâleur et la faiblesse sont exprimées avec une vérité frappante, a été déposé sur le pavé de l'église; sa mère à genoux le soutient d'une main et lui montre de l'autre l'image révérée. Derrière lui, son père, aussi à genoux, les mains jointes, l'œil fixé avec une foi immense sur la statue d'argent toute chargée de fleurs et de couronnes, murmure une fervente prière. L'ajustement vrai avec scrupule mais sans vulgarité de cette figure, la beauté de l'expression, la couleur et le relief des chairs et de vêtemens, le dessin ferme des extrémités, ce sont là des choses qu'on ne peut assez louer; j'en dirais autant du jeune homme : mais la tête de la mère, modelée en pleine lumière, manque de saillie, et son geste n'a pas toute la simplicité convenable. Considéré d'ensemble, ce groupe tient peut-être le premier rang dans ce que l'école française a produit de plus puissant sous le rapport du rendu de la nature. Un aveugle, appuyé contre la muraille à la porte de l'église, complète les exemples que M. Schnetz a donnés des souffrances physiques; le reste du tableau est consacré au développement des souffrances morales. Un pélerin, prosterné aux pieds de l'image, écoute avec recueillement les récits que lui fait un religieux sur les miracles de la Madone; une vieille femme, debout contre une colonne, cherche son dernier appui dans les espérances que donne la foi; plus loin est une jeune fille dont les larmes furtives accusent le désespoir d'une faute irréparable; une veuve monte les degrés du temple, les bras chargés d'un enfant à la mamelle, et une petite fille un peu plus grande la précède, toute fière de porter le cierge et le gros bouquet que sa mère doit offrir ; l'encens fume, les flambeaux brûlent aux pieds de l'image, on croit entendre s'élever de toute l'église un bourdonnement de prières et de gémissemens.

Toutes les figures ne sont pas traitées avec un mérite égal; quelques unes même, telles que celles de l'aveugle, de la jeune fille et de la veuve, semblent à peine indiquées, si on les compare au luxe de modelé déployé dans les autres personnages; la tête de la vieille appuyée contre la colonne, est merveilleuse de douceur et d'espérance; rien de plus naïf et de plus gracieux que l'enfant qui entre dans l'église. Somme toute, le défaut de l'ouvrage est d'être traité par parties et d'une manière inégale; mais son mérite, dans ce qui est bien, le place, selon nous, au dessus des peintres qui, comme Caravage, n'ont donné un relief extraordinaire à leurs figures que par un emploi tout-à-fait forcé de la lumière. Il serait curieux de voir le tableau de M. Schnetz à côté d'un ouvrage tel que le grand Vander-Helst d'Amsterdam, où les figures se détachent sur un fond lumineux avec tout le relief de la nature; je craindrais que le peintre français ne parût un peu cru à côté du magicien hollandais. Mais, à part l'expression, il est permis de douter si Vander-Helst a rien produit d'aussi réel que la figure du père à genoux.

L'espace me manque pour analyser le tableau qui représente une *Famille de contadini* surprise par une inondation du Tibre. Cet ouvrage, plus complet que le précédent, a pour nous le défaut d'une dimension hors de rapport avec la nature du sujet. De toutes les règles dont l'observation s'est effacée au milieu des luttes de l'école, celle dont le retour me paraît le plus aventuré est la convenance exacte de la proportion matérielle d'un tableau avec le caractère de la composition. Il est fâcheux qu'un maître tel que M. Schnetz se soit laissé aller à embrouiller encore la question par un exemple d'autant plus dangereux, que les beautés de son ouvrage sont moins susceptibles de contestation. Après tout, ne faut-il pas renoncer à cette critique chagrine et tant soit peu pédante en présence du tableau? Le sujet en lui-même est si bien conçu, il y a tant de force et d'intelligence dans le père, un caractère de décrépitude si profondément accentué dans la mère paralytique qu'il porte dans ses bras, un sentiment de nature si large et pourtant si féminin dans sa jeune compagne! Il faudrait être bien barbare pour prononcer le mot, si souvent mal appliqué, de Fontenelle : *Sonate, que me veux-tu?*

Ce qui nous plaît dans les petits ouvrages de M. Schnetz, c'est qu'en nous livrant au plaisir qu'ils nous causent, notre conscience de critique est parfaitement à l'abri. Ce n'est pas que l'on n'y remarque trop souvent la pratique d'un homme habitué à reproduire ses pensées sur une grande échelle; le dessin des extrémités tourne court comme dans une esquisse; l'exécution des parties est toujours plus sommairement sentie que patiemment étudiée; mais ces ouvrages se recommandent par des facultés si fortes et si vraies, qu'il faut plus que de la volonté pour résister à la séduction. La muse de M. Schnetz n'est point pastorale comme l'Aminte, mais rustique comme Buonarotti le jeune, ou Baldovino; on ne saurait imaginer une traduction plus exacte de cette poésie du *Contado*, dans laquelle se sont perpétuées les traditions de la vieille Italie, cette poésie qui est à celle de la Grèce ce que les vers fescennins sont à Théocrite, Plaute à Ménandre, Caton l'ancien à Xénophon. Aussi ce que la peinture de M. Schnetz a de *rauque* pour quelques uns, devient-il un charme de plus pour ceux qui se sont identifiés avec la nature du vieux Latium. Au milieu de ces productions nombreuses et toutes dignes du maître, je me contenterai de signaler un tableau dans lequel une jeune pèlerine, qui s'est reposée un moment au bord de la route, prête l'oreille au chalumeau d'un pâtre assis non loin d'elle sur un plan plus élevé. Tout entière à l'impression qui l'a saisie, la jeune fille n'a point seulement tourné la tête; le pâtre, d'ailleurs, n'est qu'un enfant, et nul sentiment individuel ne peut troubler la pureté de son émotion. Quel lien a pourtant uni tout d'un coup ces deux êtres étrangers l'un à l'autre, qui ne se sont pas vus, et qui se sépareront tout à l'heure pour ne jamais se revoir? Il y a dans cette conception quelque chose d'aussi naïvement et absolument artiste que le meilleur conte d'Hoffman.

Pour passer de M. Schnetz à M. Pradier, je ne puis avoir d'autre prétexte auprès du lecteur que la supériorité de talent commune aux deux artistes : c'est pourtant un trop grand événement en sculpture, que l'apparition d'un groupe en marbre de trois figures par un maître comme M. Pradier, pour que je m'interdise, par amour de la symétrie, le plaisir de signaler l'importance d'un pareil ouvrage. Pour choisir un sujet aussi consacré par les modèles antiques et aussi rebattu par les modernes que le groupe des *Trois Graces*, il faut, nous le disons franchement, une grande confiance dans ses forces ; mais qui peut mieux justifier cette confiance que l'auteur du *Niobide* en du *Prométhée ?* M. Pradier, comme on peut bien le croire, s'est donné peu de peine pour *sophistiquer* une composition susceptible de peu de variété ; trois femmes nues, et dans toute la fleur de la jeunesse et de la beauté, que faut-il de plus à un homme qui sent la forme avec profondeur et possède la magie du ciseau ? Les trois jeunes filles sont disposées de face, celle du milieu légèrement reculée, ce qui donne une ligne tant soit peu concave ; la femme de vingt ans, le type de la beauté à son dernier développement, s'appuie mollement sur celle de dix-huit, et tient embrassée celle de seize ; il y a beaucoup d'art dans l'agencement de ces *six bras ;* la disposition des jambes est moins variée, sinon moins heureuse. Les accessoires, peu nombreux, ne sont pas très bien choisis : la boîte à bijoux qui sert de support au pied droit de la figure du milieu peut passer pour une *cheville ;* la guirlande assez inutile qui court derrière le groupe n'est pas d'un goût irréprochable; la seule tête qu'on puisse voir, grace à la manière dont le groupe est exposé, manque d'une expression individuelle; les cheveux sont en général traités dans un sentiment froid, et qui contraste avec la vie d'exécution que M. Pradier sait répandre dans le reste de ses figures. Il n'y a peut-être pas non plus assez de différence entre la femme du milieu et celle sur l'épaule de laquelle elle s'appuie; enfin, ce que je ne dirai qu'avec une extrême défiance de mes yeux et de mon jugement, la jambe gauche de cette dernière figure me paraît moins forte que la droite. La jeune fille de seize ans est conçue dans un principe ravissant : c'est le moment où certaines parties du corps ont acquis tout leur développement, tandis que d'autres ont encore l'aspect de l'adolescence; la femme du milieu est surtout très remarquable par le dos; l'attache des jarrets et le bas des jambes nous ont surtout frappé; la ligne que décrit la troisième figure en se penchant sur sa compagne a toute l'ondulation des plus beaux modèles antiques. Somme toute, les beautés que renferme cet ouvrage, peu susceptible d'analyse littéraire, ont besoin, pour être comprises dans tous leurs détails, d'une étude plus approfondie; une première vue ne peut nous en avoir révélé que la moindre part. Nous ne parlerons donc plus que de l'impression générale que le groupe de M. Pradier nous a fait éprouver, celle d'une nature riche et vigoureuse, comprise dans ce qu'elle a de plus suave et de plus gracieux ; un respect scrupuleux de la vérité des formes, relevé par la sévérité et la hauteur du sentiment, une chaleur d'exécution que la statuaire moderne avait complétement oubliée, enfin une scuplture profondément *amoureuse*, ce qui est pour nous, dans un pareil sujet, le comble de l'art, et ce qui nous suffit à nous expliquer la supériorité des écoles d'Italie sur toutes les autres.

CHAPITRE XIV.

M. Paul Delaroche.

La scène se passe dans une des salles du pala[is] de White-Hall ; deux chaises massives et por[tu]peuses comme le luxe du dix-septième siècle po[r]tent un cercueil recouvert de velours noir : l'in[s]cription *Carolus rex* 1649, tracée sur une lan[me] de plomb, dit quelle victime renferme ce cercuei[l]. Cependant le silence funèbre a été tout d'un cou[p] troublé ; un homme s'avance avec impatience [et] brusquerie ; le pavé de marbre retentit sous s[es] pas ; un corps ramassé, de larges épaules, u[n] masque énorme, tels sont les traits qui caracté[ri]sent les génies despotiques. La plume rouge [de] ce feutre poudreux, le justaucorps de buffle u[sé] par le haubert, les bottes éperonnées, salies p[ar] la boue des camps ; tous ces détails, d'une gros[s]ièreté fastueuse, achèvent le portrait, et écriven[t] sur ce front bruni le nom d'Olivier Cromwell : [il] est là, la main étendue sur le couvercle du cercuei[l]

qu'il a violé, le regard fixé sur la tête du mort ; car
c'est bien lui, c'est Charles décapité, c'est la
royauté solennellement justiciée, c'est la toute-
puissance désormais assurée à Cromwell ! Qu'on
ne cherche pas dans ce visage une fausse complication de sentimens ; il n'y a là pour l'assassin ni
leçon ni remords : c'est une curiosité d'écolier, un
fanatisme de prédicant, une passion de vautour. Si
cette bouche pouvait parler, vous entendriez sans
doute un verset de la Bible se heurter contre un
grossier sarcasme ; à peine soupçonnerez-vous
pour mélange à cette joie, quelque chose de la
peur religieuse qui nous saisit en présence de la
mort ; mais que cette émotion passagère soit dis-
sipée, vous le verrez arracher au cercueil cette
tête coupée, comme pour s'assurer qu'elle ne
tient plus au corps, et que nulle puissance au
monde ne pourra plus ranimer par la vie ces deux
parties dont l'union faisait un roi. Tel est, avec
l'imperfection inhérente à toute description, ce
tableau prôné d'avance par toutes les voix de la
renommée. M. Paul Delaroche ne s'est montré
au dessous ni de l'attente publique, ni du modèle
qu'il s'était proposé dans l'admirable récit des
quatre Stuarts de M. de Châteaubriand.

Si on demandait, en présence de ce tableau, à

quelle école et à quel temps appartient le peintre qui l'a produit, bien des gens s'étonneraient d'entendre nommer la France et le dix-neuvième siècle. En effet, si l'on ne fait attention qu'au matériel de l'art, il y a là quelque chose de si en dehors de nos habitudes, qu'on ne sait à qui des nôtres rattacher cette peinture ; ce n'est ni le coloris léger et argentin de Largillière et de Greuze, ni la manière sobre et transparente de M. Gros ; à part certaine pratique d'empâtement qui tient à notre éducation d'atelier, c'est Van Dick qu'il faut nommer, si l'on veut donner une idée de la manière de M. Delaroche dans son *Cromwell;* mais si l'on étudie la pensée intime de l'artiste, on comprendra bientôt quelle influence a exercée sur son esprit l'école historique moderne de la France ; c'est dans cette donnée d'imitation exacte des mœurs, des habitudes, des passions particulières à chaque siècle, que M. Delaroche a appris à répandre sur son ouvrage ce vernis de réalité, la seule poésie qui nous appartienne en propre, celle qui nous permet de penser que notre âge ne sera pas tout-à-fait compté pour rien dans l'histoire des arts d'imagination. Cette réalité, voici bien des années que d'autres la poursuivent ; mais personne dans la peinture n'avait su jusqu'à présent s'assimiler assez complétement ses recherches pour qu'on ne séparât pas toujours l'artiste des impressions étrangères auxquelles il avait obéi. MM. Johannot, les meilleurs traducteurs de la littérature moderne, ne vont pas au delà du roman historique : c'est toute la verve, toute la fantaisie de Walter Scott, mais ce n'est pas plus que la manière de Walter Scott. M. Delaroche, au contraire, prend son point de départ dans l'histoire écrite, et recrée sur cette base l'histoire comme on l'entend en peinture; ses procédés ne sont ni de l'opposition ni du caprice ; sa marche est si ferme, qu'il ne laisse de prise ni aux récriminations ni aux regrets de ceux qui sont restés en dehors des voies nouvelles. Tel homme, suivant son organisation ou ses habitudes, regrettera le style exclusif, tel autre l'antique, tel autre la prédominance du nu et des sujets d'invention poétique; mais personne ne nie que ce ne soit là de la peinture exacte, vraie, vigoureuse, qui rend complétement et selon les exigences de l'art toute la pensée du peintre. Personne ne conteste aussi que cette peinture n'entre admirablement dans nos mœurs et nos idées, qu'elle ne prédispose l'homme qui en possède le secret à aborder de la manière la plus sérieuse les sujets de notre histoire, auxquels répugnent les talens basés sur l'étude exclusive du passé. On ne peut se figurer quelles conséquences peut amener cette démonstration de la possibilité d'une peinture d'histoire sur des données dans lesquelles l'école n'avait trouvé jusqu'à ce jour que matière à des tableaux anecdotiques.

En accordant cette gloire à M. Delaroche nous ne prétendons pas en inférer que nul autre que lui n'aurait été capable de la conquérir; ce qui est incontestable, c'est que lui seul, jusqu'à ce jour, a eu tout ensemble la volonté et le talent de le faire; le *Cromwell* est, à notre avis, non le meilleur tableau, mais le fait le plus important qui ait marqué dans l'école depuis l'apparition des premiers ouvrages de M. Horace Vernet. Sous de certains rapports il doit compléter l'effet produit par ces ouvrages; sous d'autres, il doit en corriger l'influence.

A ne considérer que l'exécution matérielle le *Cromwell* manifeste des progrès très sensibles dans le talent de M. Delaroche; ce ton *lie de vin* des chairs qu'on avait reproché, avec quelque raison, aux *fils d'Henri IV* et au portrait de mademoiselle Sontag, a disparu; la tête de

Cromwell est de la couleur la plus solide et la plus vraie ; il ne fallait pas moins, pour lutter avec l'ajustement de la figure, comparable à ce que les Flamands ont fait de plus beau en ce genre. M. Delaroche a concentré la lumière sur son principal personnage, sans empêcher le regard de circuler dans cette chambre solitaire ; la saillie du cercueil, en avant de Cromwell, est rendue avec bonheur ; le raccourci horizontal que présente le corps du roi rappelle le cadavre placé sur la table, dans la *Leçon du professeur Tulp* de Rembrandt ; les traits de Charles Ier sont d'une ressemblance et d'une dignité dans la mort qui saisissent l'imagination ; mais peut-être la barbe et les cheveux n'ont-ils pas tout le terne et tout le mat qui suivent immédiatement la cessation de la vie ; enfin M. Delaroche, sans éviter la partie horrible de son sujet, n'a pas insisté sur les détails qui auraient pu repousser la vue ; cette modération d'effet n'appartient qu'à un talent sûr de lui-même.

Dans l'attente du *Cromwell*, et d'après le bien que j'en avais entendu dire, j'ai remis jusqu'à ce jour à parler des ouvrages qui, dès le commencement de l'exposition, ont concentré l'attention générale sur le talent de M. Delaroche ;

non que je ne me sentisse en veine de faire *chor*
avec le public, mais j'aurais regretté de loue
plus pour de petits ouvrages que pour un ta
bleau de grande dimension, un homme que j
sentais n'avoir pas complétement dit son mot. L
tableau des *Jeunes princes* fournit en effet ma
tière à plus d'une juste critique. D'abord,
quant à la donnée première, c'est un tort, selo
nous, d'avoir renchéri sur le sujet, tel qu
Shakspeare le donne; que l'on compare la scèn
du petit Arthur et d'Hubert avec le récit de Ri
chard III, et l'on comprendra pourquoi le poèt
a représenté les deux enfans endormis à l'arrivé
de leurs bourreaux : la première fois, après avoi
montré Arthur éveillé et suppliant, il a recul
devant l'horreur du dénouement historique ; l
seconde, il a fait passer les jeunes victimes d
sommeil à la mort; dans l'ouvrage de M. Dela
roche nous trouvons au contraire comme l'avant
scène d'un drame qui eût effrayé l'imagination d
Shakspeare lui-même.

A part cette observation qui semblera peu im
portante, la composition est à la fois claire, gra
cieuse et originale ; il faut louer surtout le mou
vement du jeune roi malade, qui appuie sa têt
sur celle de son frère : les costumes de l'époqu

sont non seulement reproduits avec un religieux scrupule, mais encore adaptés au corps de la façon la plus naturelle. C'est la première fois que nous rencontrons un tableau gothique dont les personnages n'aient pas l'air de dire : *Voyez comme je suis gothique !* M. Delaroche n'a pas rendu avec moins de soin et de talent la sculpture en bois du lit sur lequel ces jeunes princes sont placés, et le missel qu'ils tiennent dans leurs mains ; mais ce soin n'est-il pas poussé au point de nuire tant soit peu à l'effet des figures ? Je sais qu'en traitant un sujet du moyen-âge on se sent entraîné à reproduire quelque chose de la sécheresse et de la minutie des peintures du quinzième siècle ; mais ce qui donne du charme à ces peintures, la naïveté, n'est-elle pas de toutes les qualités de l'art la seule qui se refuse à tous les efforts, quand l'âge des tâtonnemens est passé ? Enfin, ce qui m'empêche de m'intéresser complétement aux Petits princes de M. Delaroche, c'est que je les trouve plus vrais que beaux : on ne peut reprocher au peintre de manquer de ce qu'évidemment il n'a pas voulu introduire dans son ouvrage ; mais quand on veut représenter des enfans, et surtout des enfans anglais, il est permis de regretter qu'un homme tel que M. Delaroche se soit interdit des ressources d'émotion dont il pouvait faire usage sans sortir de la vérité historique.

J'ai reproché au tableau des *Jeunes princes* un excès de rendu dans les accessoires ; il y a pourtant loin de cette critique à celle que la *Mort d'Élisabeth* s'était attirée en 1828 par le faste de l'exécution. C'est un don précieux sans doute, que cette faculté de reproduire avec tant de vigueur et d'éclat les étoffes de soie, les fourrures et les bijoux ; mais il est rare que l'emploi n'en fasse pas tort au sujet principal, toutes les fois que le caractère en est exclusivement grave et moral. C'est donc avec une joie véritable que nous avons vu M. Delaroche se livrer à la composition de tableaux de petite dimension et d'intérêt anecdotique, comme le *Richelieu* et le *Mazarin* qui figurent au salon de cette année. Dans un cadre pareil, on ne saurait imaginer rien d'assez adroit, d'assez fin, d'assez brillant ; le peintre dont la main éprouve des démangeaisons de se livrer aux caprices de la couleur, peut passer là toute sa fantaisie ; c'est une soupape de sûreté pour un talent comme celui de M. Delaroche, que la nature appelle avant tout à un genre simple, sérieux et élevé, tel qu'on en trouvait la promesse dans *l'Arrestation du président Duranti*, et tel que le *Cromwell* l'a réalisé.

J'insisterai peu, d'ailleurs, sur l'examen du *Mazarin* et du *Richelieu*; ces deux tableaux, et le premier surtout, étant de ces ouvrages dont le mérite consiste dans une foule de détails purement pittoresques, et qu'une sèche analyse ne ferait que gâter en prétendant les décrire. Dans le *Mazarin*, M. Delaroche a eu surtout pour but d'opposer l'animation d'une cour jeune et frivole à l'agonie d'un vieillard qui n'a que de la puissance et pas d'amis; les chuchotteries dans la ruelle, les entretiens mystérieux derrière les paravens, les sonnets, la coquetterie et le jeu, tout cela va son train comme si le moribond enseveli sous ses coussins n'allait pas expirer tout à l'heure; de toute cette grandeur d'hier, il ne reste plus que le luxe des tentures, la politesse distraite d'une jeune femme éblouissante et rieuse, et l'impassible révérence de l'ambassadeur d'Espagne.

Dans l'autre tableau, Richelieu va aussi mourir; mais sa pensée n'a rien perdu de son âpre vigueur, et ses dernières paroles sont des arrêts de mort. Vous le voyez le dos courbé par le mal qui le ronge, le corps glacé par la bise du Rhône, les pieds enveloppés dans une tapisserie dont le bord trempe dans le fleuve; il s'avance lentement, traînant à la remorque ses victimes, le jeune Cinq-Mars, avec sa grace et sa frivolité, et de Thou, soutenu par sa fermeté de magistrat comme l'autre l'est encore par sa confiance de favori. Tous marchent ainsi vers le but où doivent finir le bourreau et les victimes : Richelieu plus soucieux de la mort de ses ennemis que de la sienne, derrière lui la conversation embarrassée des politiques du second ordre, devant lui l'indifférence et l'appétit de bon aloi des mariniers du Rhône; enfin sur un plan plus reculé, la barque des jeunes gens, découverte comme pour une fête, et dans laquelle on ne devinerait guère des proscrits, n'était le sérieux des deux principaux personnages et le mal que se donnent leurs gardiens pour savoir ce qui se dit à l'arrière de la barque du cardinal.

On voit que, sans la complication du sujet, le *Richelieu* rentrerait dans la donnée des compositions historiques. M. Delaroche s'est tiré avec un rare bonheur de cette espèce de problème pittoresque que présentait la disposition de ces deux barques placées l'une après l'autre sur le fil du même fleuve. La simplicité de l'ajustement le dispute à la force de l'expression dans la figure

du cardinal. La pantomime des divers personnages est partout vraie sans *lazzis*, et frappante
sans exagération. On regrette seulement que
l'extrême coquetterie du pinceau nuise à l'unité
de l'effet. Le *Mazarin*, avec son papillotage de
lambris dorés et de costumes de cour, se prêtait
mieux à l'éparpillement de la lumière; aussi le
chatoyant des détails, toujours poussé un peu
à l'excès, se fait-il mieux pardonner dans ce dernier tableau : il y a même, sous de certains rapports, plus de finesse dans la touche. Le groupe
de femmes qui touche au lit du cardinal nous
montre à quel degré, dans ce genre, peut arriver
le pinceau de M. Delaroche, plus soucieux d'ordinaire d'écrire fortement la pensée du peintre
que de se jouer dans les effets blonds et transpa-
rens, auxquels on attache en général trop de prix.

Le portrait de mademoiselle Sontag, exposé à
la réouverture du salon, jouissait déjà d'une célébrité de monde et d'atelier que le grand jour
de l'exposition n'a point démentie. M. Delaroche
a représenté l'illustre cantatrice sous le *domino*
de dona Anna, au moment où elle ôtait son
masque pour chanter le *Terzetto*, chef-d'œuvre
de Mozart. Ce portrait me plaît mieux que ne
ferait celui de madame la comtesse de Rossi.

M. Delaroche a bien rendu la mélancolie touchante que, dans les derniers temps, mademoiselle Sontag avait appris à répandre sur ses traits. Les cheveux sont charmans, les yeux d'une vi[vacité] et d'une douceur admirables; le modelé de l[a] tête offre quelque dureté. L'ajustement et l'exécution du *domino* sont dignes de van Dyck.

Enfin, M. Delaroche a exposé quelques portraits et dessins au pastel, dans lesquels il [a] su communiquer à ce procédé hors de crédi[t] une vigueur et un relief que Latour a seul con[nus]. C'est là une nouvelle route dans laquell[e] nous verrons sans doute beaucoup de gens s[e] casser le cou, avant que pas un fasse la moitié aussi bien que M. Delaroche. Ce qui dé[t]ruit le prestige des genres secondaires, c'es[t] l'énorme supériorité qu'y montrent tout d'u[n] coup les hommes voués aux études les plus sérieuses, quand, par hasard, ils y appliquent leur[s] facultés. Il ne faut jamais oublier que Tenier[s] avait été d'abord un très bon peintre d'histoire[.]

CHAPITRE XV.

M. Edouard Bertin. — M. Henriquel Dupont.
— Les Croix d'Honneur.

Le jour de la clôture du salon approche, et je m'aperçois qu'après quinze mortels chapitres ma tâche est loin d'être finie. Que fallait-il faire, pourtant? Ou un maigre catalogue, sans distinction de l'excellent au médiocre; ou de longues causeries sur quelques uns des plus dignes, avec prétermission de ceux qui ne le sont peut-être pas moins. J'ai préféré le second parti, comme moins offensant pour les artistes, et plus amusant pour le lecteur; et puis déjà la politique nous presse, nous enveloppe : plus de moyen peut-être bientôt d'échapper à ces dévorantes colonnes de débats parlementaires, à ces torrens de lave qui brûlent toute littérature périodique. Les résultats de l'exposition du Louvre sont loin d'être en harmonie avec la situation présente des affaires; c'est le fruit péniblement acheté de quinze années de paix, qui vient mûrir au souffle des révolutions et de la guerre; c'est une exubérance de production, toute pleine de vie et de loisir, qui fait trembler quand on songe à tant d'espérances troublées, à tant de carrières interrompues. Qu'on s'étonne, après cela, que la critique elle-même, la critique qui n'a que la parole engageante et point de coffre, manque d'haleine avant d'avoir touché le but! Saint Vincent de Paule n'aurait pas été si éloquent, si dès les premiers mots il n'avait vu des bourses prêtes à s'ouvrir, et des bras disposés à recevoir tous les enfans exposés, non dans les palais, mais à leurs portes.

Faudra-t-il pourtant que je renonce à briser une lance ou deux avec M. Scheffer aîné, chevalier courtois et valeureux, mais qui cette fois ne me paraît pas avoir assez soigneusement fourbi son armure? Passerai-je sous silence la *Charlotte Corday* de M. Henri Scheffer, consacrée par un double succès au Luxembourg et au Louvre? Renverrai-je lâchement mes lecteurs à ce que j'ai déjà dit[1] de *la Barricade* de M. Delacroix, et me contenterai-je pour un ouvrage si remarquable d'éloges qui ont déjà six mois de date? Quoi!

[1] Voyez le supplément.

pas un mot de consolation à M. Larivière, si solitaire au sommet du grand salon, après les légitimes applaudissemens de l'Institut? Pas un reproche à M. Devéria, si coupable, avec un talent si réel, de n'avoir pas justifié les espérances que la *Naissance de Henri IV* avait fait concevoir? Pas un soupir à feu Mauzaise, à défunt Fragonard, à Guillemot, ce lauréat de l'école et du salon, de respectable mémoire! Et toute la peinture de genre et d'intérieur que j'ai à peine abordée; et M. Destouches, à qui je devais faire expier un succès de mauvais aloi; et M. Crignier, auteur d'un joli tableau représentant *Raphaël présenté au Pérugin,* que je voulais venger de l'indifférence publique; et l'admirable portrait du maréchal Maison, par M. Léon Cogniet, dont je n'ai pas parlé (où a-t-on quelquefois la tête?) dans mon chapitre sur les portraits; et cette jeune femme en robe jaune de M. Périn, si naïve, si vraie, si consciencieusement peinte; et les *Deux petites sœurs* de M. Harlé, l'auteur inconnu d'une des deux meilleures esquisses qui aient été envoyées au concours du *Boissy-d'Anglas ;* et le *Jeune frère malade,* début de M. Lessore, où l'on trouve une exécution presque digne de Murillo et une tête pensée comme les meilleures de

Léopold Robert; et les *Napolitains en prière*, de M. Lugardon, si remarquables par le dessin des extrémités et la vérité de l'expression; et M. Alfred Johannot surtout, M. Johannot qui n'avait pas besoin de son *Arrestation de M. de Crespière* pour être dans ma pensée le premier de nos peintres anecdotiques; et nos grands hommes sur ivoire, et nos prodiges sur papier ! Chassez, chassez ces ombres irritées qui s'élèvent autour de moi ! Pour une trentaine à qui j'ai fait la libation de lait et de miel, j'en ai deux mille à dos, de ces spectres *affamés d'un peu de souvenir !*

Je ne le sais que trop, le silence est un crime; je ferai ce qui me sera possible pour en expier une partie, tant que l'impitoyable porte du Louvre n'aura pas roulé la dernière fois sur ses gonds.

J'en reviens à M. Edouard Bertin, à qui je l'avais promis; si c'est une faiblesse que de trop s'occuper de ces paysages rébarbatifs à la façon de M. E. Bertin, je confesse ingénuement la mienne. J'ai exposé en partie mes raisons lorsque j'ai parlé de M. Aligny, mais on aurait tort de croire, à mes premières paroles, que je condamne en masse l'école du paysage-portrait, tel que MM. Bidault et Turpin de Crissé savent depuis long-temps le faire, tel aussi que le traitent MM. Giroux, Jolivard, Gué, et mademoiselle Sarazin de Belmont. La vérité est que cette école, plus large dans les uns, plus minutieuse dans les autres, petite de caractère dans celui-ci, élevée de sentiment chez celui-là, n'a conduit encore personne au delà de l'étude peinte sur nature; mais que, quant à l'ajustement et à la composition poétique du paysage, les efforts de ces artistes distingués n'ont jamais été couronnés d'un plein succès. Aussi, quelques tentatives qu'ils aient faites pour faire avouer leurs droits à la succession de Claude Lorrain et du Poussin, nous est-il impossible de reconnaître d'autre auteur à cette famille que le hollandais Glauber. Le défaut toutefois n'est ici que dans le peu de largeur du point de vue; ailleurs, et chez des hommes à réputation, il est dans le mépris de la nature : mais on comprend que ce n'est pas de ceux-là que nous voulons parler.

M. Bertin, comme M. Aligny, s'est proposé pour but non pas seulement de traduire les formes brutes de la nature, mais de parler sa langue. Voulant produire l'émotion, il n'en a pas cherché les ressources dans la représentation d'un fait historique au milieu d'un site donné, mais dans le caractère du site en lui-même, indépendamment de tout rapport avec les faits ou les passions de l'humanité. L'ouvrage de M. Ed. Bertin n'est pas moins remarquable quant au choix de la nature; c'est à Fontainebleau, c'est-à-dire dans l'endroit en apparence le plus usé par les travaux de la moderne peinture, que M. Bertin a su trouver des inspirations neuves; pour cela il n'a pas eu besoin de rompre en visière à la vérité. Il lui a suffi de voir avec d'autres yeux que les autres. Le jeune peintre nous paraît avoir parfaitement rendu l'austérité de grès de Fontainebleau; ce qui l'a embarrassé toutefois, c'est la froideur et l'uniformité de ton qui nuit à l'effet tout méridional de ces paysages; cette incertitude a passé dans la teinte générale du tableau, qui, pour n'être pas gris-noirâtre comme la nature, a pris des reflets lie-de-vin, que l'artiste une autre fois devra sévèrement s'interdire.

Les premiers plans décèlent une conception mâle et une main non moins ferme à l'exécution. La muraille de grès qui occupe le côté droit du tableau fait bien descendre le spectateur dans la fondrière; les parois en sont tracées avec cette régularité qu'on retrouve si souvent dans les caprices de la nature; un ciel gris, et dont les masses s'appuient aux arbres lointains qui terminent l'horizon, répand sur le milieu du paysage une demi-teinte mélancolique; un bouquet d'arbres dessiné avec un grand soin et le sentiment juste de chaque espèce, occupe le centre de la composition; les plantes qui garnissent le devant ne sont point rendues avec moins de talent; tout le fond à gauche est traité avec quelque négligence; les figures de voyageurs, en costume du treizième siècle, qui animent la composition sans détourner la pensée de l'objet principal que l'artiste s'est proposée, sont, comme on dit, bien dans l'air et d'un beau ton. C'est, selon nous, un principe fondamental en paysage, que de faire valoir la distance des fonds par la grandeur et la simplicité des premiers plans; mais l'observation de ce principe crée pour l'artiste une difficulté dont M. Bertin ne s'est peut-être pas complétement tiré, celle de faire passer le regard sans brusquerie des objets les plus rapprochés de l'œil à ceux qui occupent la partie intermédiaire du tableau. Qu'on dise après cela que le paysage de M. Bertin manque de charme et de *fouillis*, que parfois la simplicité des moyens est exagérée, que l'ensemble même du tableau ressemble autant à une fresque à demi effacée du Guaspre, qu'à de la peinture à l'huile, je le veux bien, et à la place de M. Bertin j'accepterais ces reproches. Qu'il lui suffise de s'être placé du premier coup (car je ne parle pas d'il y a trois ans) à un rang élevé dans l'école, et d'avoir fait, avec des doctrines à peu près semblables à celles d'un autre, de la peinture fort différente à certains égards.

M. Edouard Bertin est un homme en route et qui a bon vent. M. Henriquel Dupont, tout jeune qu'il est, a déjà touché le but, et pourrait à la rigueur, sans inquiétude pour l'avenir de son nom, se reposer déjà dans le port; je dis M. Henriquel Dupont le graveur; car, j'en demande bien pardon à la méthode : mais il est impossible qu'une estampe comme le *Gustave Wasa* paraisse au salon, sans qu'il me soit permis d'en parler à propos de tout, même de paysage. Tout le monde se rappelle le *Gustave Wasa* de M. Hersent, cette composition si noble, si touchante, ce vieux roi si vénérable, cette assemblée si pieuse, si émue, ces larmes si vraies des jeunes princes : eh bien ! de ce canevas où l'artiste n'avait mis que le drame, M. Dupont a fait un dessin, du clair-obscur, de la couleur, enfin toutes les qualités de l'art, non plus indiquées, mais complètes, et cela sans que l'unité d'effet et l'expression, les deux mérites souverains du tableau, en souffrent le moins du monde. Sous quelques rapports, M. Dupont ressemble à M. Paul Delaroche; c'est de même un homme qui a de la puissance, du sentiment, de l'originalité, et va son chemin, plus soucieux de se contenter lui-même et tout le monde que de s'enrégimenter dans une coterie. Il traduit Ingres avec le sentiment de Marc-Antoine; il refait Mauzaise avec le burin de Golzius; il a la main de Hollar pour colorer une tête, celle de Drevet ou de Masson pour rendre les reflets d'une étoffe de soie ou les jeux d'une broderie; et au milieu de tout cela, il est lui-même, il a son cachet qui le ferait reconnaître entre mille.

Trois vignettes et un portrait de femme d'après Van-Dyck, dans le *Musée* de M. Laurent, avaient suffi pour placer M. Dupont au premier rang de nos graveurs. On le savait, du reste, occupé à traduire le *Gustave Wasa*. Cette planche vient enfin de paraître après huit ans de travail. Je ne dirai pas qu'elle y ait tout gagné. Ainsi la préparation de l'estampe, telle qu'elle a été exposée à l'ouverture du salon, ne donne pas l'idée du talent de l'auteur. On y trouve encore la timidité du débutant et quelques préjugés d'école. Il est probable que si M. Dupont commençait aujourd'hui son entreprise, on reconnaîtrait ses progrès à plus de liberté dans sa main, plus de sobriété dans les moyens employés. A vrai dire, dans le *Gustave Wasa* tel que nous l'avons, le talent de M. Dupont n'apparaît qu'à travers un rideau de tailles serrées, barreaux de cette prison dans laquelle le génie des graveurs gémit depuis cinquante ans ; et pourtant, quelle variété, quelle harmonie, quelle fleur de sentiment, et quelle souplesse de manœuvre! Il n'y a point de témérité à affirmer que, depuis la *belle Jardinière* de M. Desnoyers (ouvrage qui n'a pas toutes les qualités de l'art), l'école française n'a rien produit d'aussi remarquable que le *Gustave Wasa* de M. Dupont.

Que sera-ce à présent que M. Dupont, dans toute la force de son talent et dans toute la confiance de ses forces, peut faire oublier complétement l'élève de Bervic? En attendant que le commerce fasse graver de l'histoire, ou que le gouvernement s'avise d'un genre d'encouragement qui n'a pas été négligé en France depuis deux siècles, M. Dupont souffle dans ses doigts, ou s'amuse à colorer de petits portraits au pastel qui nous prouvent, chose étonnante! que le graveur de *Gustave Wasa* sait autre chose que de couper un cuivre, qu'il dessine, ajuste, modèle avec goût et fait vivre, qu'il serait au besoin un peintre habile. Oh! le désirable progrès, honorable surtout pour un gouvernement, qui fera peut-être notre cinquième ou sixième peintre du premier graveur de l'époque!

Un mot encore sur les récompenses qui vont être distribuées à la fin de l'exposition : c'est le cas d'en parler quand il s'agit d'un homme que l'opinion unanime des artistes désigne à la plus enviée de ces récompenses. En sera-t-il cette fois comme des salons précédens? Verra-t-on la médiocrité, la nullité même sur la même ligne que les premiers talens? La profusion détruira-t-elle encore tout le mérite des distinctions accordées? La position est embarrassante pour l'administration, j'en conviens; car il faut tout d'un coup changer d'allure : voici quarante mains ouvertes, quarante bouches béantes qui doivent rester vides; sinon, l'opinion casse sur-le-champ vos arrêts, et après cette dernière épreuve, les croix d'artistes ne comptent pas plus que les croix de garde nationale. Il est pourtant une réflexion qui doit rassurer l'administration, pour peu que ses intentions soient bonnes, comme on l'assure : qu'on donne une seule croix aux sculpteurs, qu'on en donne aux peintres une seconde après celle de Robert, et l'on fera non seulement cent mécontens, mais vingt injustices; il y a tant de distance entre le premier et le second rang, et le second rang est si nombreux, qu'on ne peut faire un tri que de hasard ou de faveur. Ce n'est pas tout : si vous continuez à avilir le prix de la décoration de chevalier, vous ne pouvez laisser comme ils sont ceux qui, proclamés maîtres, n'ont encore qu'un simple ruban à leur boutonnière; il faut briser les statuts de l'ordre pour ceux qui n'ont pas leur temps de possession du grade inférieur nécessaire pour monter plus haut; il vous faut fabriquer des barons et des vidames; mais si l'on reste dans le vrai et dans le juste, ceux qui possèdent déjà ces distinctions accueilleront avec joie leurs nouveaux collègues, et les gémissemens des désappointés seront étouffés sous les applaudissemens du plus grand nombre. Et d'ailleurs, n'avez-vous pas des commandes, des acquisitions, des grandes et des petites médailles? En voilà plus qu'il n'en faut pour reconnaître tous les degrés de mérite : car je ne suppose pas que l'administration, toute pauvre qu'elle soit ou qu'elle se fasse, pense à se délivrer par les rubans des embarras de la dépense. Il faut le dire aussi, tout serait perdu s'il suffisait d'un ouvrage pour mériter la croix d'honneur : c'est à une vie d'artiste, c'est à une suite de succès que ce prix doit être réservé. Autre danger : vous avez d'un côté la maison particulière du Roi, de l'autre l'ancienne liste civile, plus loin le ministère du commerce et des travaux publics, trois centres de prétentions, de préférences : sous la restauration, il n'y avait que l'intérieur et la maison du Roi, et c'était à qui ferait plus que son voisin ; c'est ainsi qu'au dernier salon, personne ne voulant démordre de son droit, on fit le double de ce que l'équité demandait. Espérons que cette fois nous serons délivrés de la concurrence des croix d'honneur ; quant à celle des acquisitions et des commandes, je m'en fie à l'état des caisses pour ne rien craindre d'exagéré dans le total.

CHAPITRE XVI.

Conclusion.

Jamais exposition plus intéressante ne s'est trouvée placée dans des circonstances plus défavorables que le salon de 1831 : à de certaines époques, on eût pu y voir un moyen de gouvernement, et l'attention publique, puissamment sollicitée par tant de beaux ouvrages, eût donné quelque relâche aux dépositaires du pouvoir ; mais aujourd'hui ce n'est plus par mol entraînement, c'est par une espèce de fureur convulsive qu'on s'occupe des arts. Nous avons vu bien des gens accourir au salon et s'y gorger d'impressions uniquement pour échapper à ces préoccupations qui nous dévorent tous ; mais hors ce redoublement de ferveur, particulier à certaines personnes, l'exposition du Louvre a cessé d'être un événement public.

Après tout, c'est une belle chose que la peinture, *quand même* ; c'est même la seule, à ce qu'il paraît, qui convienne à nos artistes ; car je ne sais rien qui les glace et les annulle comme une commande. Fera donc des tableaux qui pourra, les achètera qui voudra ; ce qu'il y a, malgré tout, de véritable, c'est que l'école est en bon chemin.

Le résultat le plus clair de l'exposition de 1831, c'est le retour au vrai par toutes les routes ; sous ce rapport, le progrès s'est manifesté à la fois et dans les productions et dans les jugemens : arrivés que nous sommes au quatrième mois de l'exposition, nous n'avons plus à regretter ni succès de surprise ni engouement de coterie ; si la plupart des amateurs, dont le goût s'est formé pendant ces dernières années, avaient autant d'argent dans leur poche que de bon sens dans leur tête, nous en serions à l'âge d'or du vrai talent.

C'est toujours un vif regret pour nous que certains artistes, en pleine vie de succès, aient manqué cette fois à l'appel : l'absence qui s'est fait le plus vivement sentir est, sans contredit, celle de M. Ingres ; nous devons croire pourtant qu'à aucune époque la portée de son génie n'aurait été sentie plus profondément ; le triomphe de Léopold Robert l'atteste. Nous nommerons aussi MM. Léon Cogniet, Alaux, Heim, Picot et Saint-Èvre, parmi ceux qu'on espère voir reparaître au prochain salon avec d'autant plus d'éclat que leur silence a été plus remarqué.

La palme du salon reste définitivement aux *Moissonneurs* de M. Léopold Robert : l'apparition dans ces derniers temps de quelques productions très faibles du même peintre n'a fait que confirmer la supériorité de son chef-d'œuvre : quoi qu'il arrive désormais (et nous sommes loin de croire que M. Robert ne puisse remonter au point d'où il paraît un moment descendu), le tableau des *Moissonneurs* reste comme une œuvre à part, comme un parfum des temps anciens, un souvenir d'un monde qui ne renaîtra plus : le résultat le plus immédiat qu'il doit produire sur l'école, c'est de réconcilier nos peintres hommes d'esprit avec l'Italie ; si je voulais achever de guérir quelques cerveaux, je sais bien qui j'emballerais dans le premier voiturin.

Le *Cromwell* de M. P. Delaroche se place à côté des *Moissonneurs*, non, ainsi que l'a dit un juge spirituel, comme le monument le plus parfait du principe opposé à celui qui a produit les *Moissonneurs*, mais comme l'application, dans un genre tout opposé, du principe qui a guidé Robert, celui de la vérité : il n'y a pas plus dans les *Moissonneurs* que dans la nature catholique et païenne de l'Italie; il n'y a pas moins dans le *Cromwell* que dans le protestantisme de l'Angleterre au 17ᵉ siècle. On a cru réfuter victorieusement la manière adoptée par M. Delaroche, en disant que *c'était du Terburg en grand.* Plût à Dieu que M. Delaroche en fît toujours ! nous verrions enfin notre histoire moderne rendue dans un sentiment aussi vrai et aussi grave que *la Paix de Munster.* Qu'on nous cite donc une page de peinture protestante et du nord qui soit à la hauteur de ce chef-d'œuvre de Terburg? Les *Jeunes Princes* de M. Delaroche, plus justement critiqués que le *Cromwell*, n'en gardent pas moins une des premières places de l'exposition.

La *Scène d'inondation* et *la Consolatrice des affligés* de M. Schnetz doivent aussi être placés au rang le plus élevé; l'inégalité de l'exécution ne doit pas faire méconnaître les incomparables beautés qui brillent dans ces deux ouvrages. Le *Pape* et la *Judith* de M. Horace Vernet ont plutôt soutenu la réputation de ce peintre qu'ils ne l'ont augmentée; nous persistons à regarder *l'Arrestation des princes* comme son chef-d'œuvre. M. Delacroix a dû s'apercevoir qu'il ne suffisait plus de faire des tableaux pour les amateurs :

il y a dans l'injustice même de quelques personnes, à l'égard du tableau des *Barricades*, un avertissement salutaire pour l'artiste. Nommons encore le *Moïse* de M. Orsel et le *St-Fron* de M. Forestier, et nous pourrons clore le livre de vie pour les peintres d'histoire.

Le début de M. Champmartin dans le portrait a fait grande sensation : les noms que nous devons rappeler avec le sien sont ceux de MM. Steuben, Perin, Rouillard et Rouget dans un ordre un peu inférieur, MM. Lepaulle Brémond, Klein, Guichard, Boucoyron et Robert Fleury, méritent une honorable mention madame de Mirbel a mis la miniature hors de page; ses aquarelles surtout la placent au dessus de tous nos portraitistes. Nous ne connaissons pas de tête isolée de M. Horace Vernet que nous préférions au portrait dernièrement exposé de mademoiselle Louise Vernet sa fille.

Nous avons déjà dit que nous regardions M. Alfred Johannot comme le premier de nos peintres anecdotiques; *l'Arrestation de M. De crespière*, les scènes de *Rob-Roy* et de *Peveril du Pic* se voient avec un plaisir soutenu, même après le *Richelieu* et le *Mazarin* de M. Delaroche; la *Lénore* de M. Scheffer aîné est peut être le meilleur ouvrage du salon sous le rapport de l'expression; il est bien à regretter que le peintre, qui a trouvé la tête de Marguerite, paraisse négliger ses succès dans un genre plus élevé. Il se peut que M. Scheffer ait oublié la *Mort de Gaston de Foix* et les *Femmes souliotes,* mais à coup sûr le public n'a pas si courte mémoire. Je rappellerai encore la *Charlotte Corday* de M. Henry Scheffer, la *Bénédiction des fosses du Louvre* par M. Roehn, *Raphaël présenté au Pérugin* par M. Crignier, le *Galilée* de M. Triqueti, la *Prise de l'Hôtel-de-Ville* par MM. Beaume et Morin, les batailles et le *Charles* Ier *à Wight* de M. E. Lami. On voit que dans les genres intermédiaires l'école est plus riche et plus productive que jamais.

Je suis presque aux regrets d'avoir mis si peu de restriction aux éloges avec lesquels j'ai accueilli les premiers ouvrages de M. Decamps. Au moins, ce peintre, capricieux peut-être, paraît-il s'être étudié dans les tableaux qu'il a dernièrement exposés, et surtout dans *la Patrouille de Smyrne,* à prendre le contrepied de ce que tout le monde avait admiré d'abord chez lui, la simplicité, la vérité, la conscience. Espérons qu'une meilleure lubie nous rendra le Decamps de *l'Ane savant* et de *l'Opital des galeus*.

Quant aux autres scènes familières, après les chefs-d'œuvre de Schnetz et de Robert, il faut rappeler les *Napolitains en prière* de M. Lugardon, le *Jeune frère malade* de M. Lessore, les *Buffles* et la *Prise de Voile* de M. Roger, le *Mauvais sujet* de M. Grenier, les *Moutons* de M. Brascassat, des Beaume, des Roqueplan, des Bellanger, des Pigalle, et *les Femmes d'Alexandrie à la fontaine*, les *Sorcières* de M. Biard, etc. Après un moment d'étourdissement causé par le prestige de l'exécution, on s'est aperçu, dans la *Cérémonie de l'eau sainte* de M. Bonnefond, d'un retour presque complet aux fâcheuses traditions de l'école lyonnaise. *Le Lépreux d'Aoste enterrant sa sœur* est un tableau du même peintre, fort incorrect à certains égards, mais bien supérieur au précédent par la manière et la pensée. M. Bodinier, autre romain, fort justement loué au dernier salon, ne paraît pas être non plus en veine de progrès. La *Chaise de poste* traversant un village, de M. Carle Vernet est un chef-d'œuvre de verve et de vérité, et une merveille, si l'on considère l'âge de l'auteur.

Un cloître d'Arles, la *Religieuse malade*, et surtout la *Justice de paix en Italie*, sont des

productions dignes de la renommée européenne
de M. Granet. Un examen attentif de ces ouvrages fait comprendre quelle influence a dû
exercer sur toute l'école un talent d'un caractère
si spécial, et chez lequel le sentiment de la composition n'est pas inférieur à celui de l'effet. On
ne peut admirer Robert ni Schnetz, sans rappeler que Granet a su, avant eux, comprendre
et traduire l'Italie. Nous regrettons vivement
que la trop courte apparition des tableaux de
M. de Forbin nous ait empêché d'en donner
à nos lecteurs une analyse raisonnée. Dans un
genre voisin de celui que M. Granet a illustré,
M. de Forbin a su se créer une manière à
lui, et que l'on n'a commencé même à comprendre toute entière que du moment où l'école
s'est affranchie des préjugés de la routine. Le
succès avait porté bonheur à M. de Forbin; car
on ne se rappelle pas d'avoir vu de lui d'intérieur
plus vaporeux que la *Vue du porche de Saint-
Germain-l'Auxerrois*, d'architecture mieux éclairée que le *Cloître de Saint-Sauveur* à Aix, de
perspective plus puissante que l'*Eglise des bords
de la Méditerranée*, de paysage plus frais et plus
lumineux que l'étude du *Château de la Barben*.
Observons, pour être juste avec tout le monde,

que les talens les plus indépendans et les plus di[vers] de l'époque qui vient de s'écouler, MM. Gros[,] Ingres, Schnetz, Robert, Granet et de Forbin appartiennent tous à l'école de David ; on ne peu[t] citer que Prudhon qui se soit fait seul, sans avoi[r] subi cette puissante influence.

Après les deux noms hors de ligne que nous ve[nons] de citer comme peintres d'intérieur et d'ar[chi]tecture, on peut encore rappeler ceux de MM[.] Darche, Bouhot, Arrowsmith, Fouquet, et su[r]tout M. Perrot, dont la *Place de Vicence* peu[t] être citée comme un des ouvrages les plus recom[man]dables du salon.

La question s'est rapidement éclaircie pour l[e] paysage comme pour tout le reste. MM. Align[an] et Edouard Bertin restent en possession des pre[miers] rangs, l'un par sa composition *des Druides* l'autre par sa *Vue des grès de Fontainebleau*[.] Après ces artistes qui seuls se sont efforcés d[e] donner de l'ame au paysage, on doit citer parm[i] les imitateurs consciencieux et habiles de la na[ture], MM. Gué, Giroux, Jolivard et Mlle Sara[]zin de Belmont. Un début qui promet mieux qu[e] des paysages-portraits, est celui de M. Charle[s] de la Berge. Depuis huit jours la foule se port[e] au salon devant une grande vue de Normand[ie] que ce jeune artiste a exposée ; on trouve, il est vrai, de l'inexpérience dans la manière dont le point de vue de ce tableau est pris, et de la dureté dans certaines parties de l'exécution ; mais par combien de qualités ces défauts ne sont-ils pas rachetés ! quelle bonhomie dans l'imitation, quel sens intime de la couleur, quelle puissance de volonté jusque dans les moindres détails ! Si M. de la Berge peut résister aux séductions de la facilité qui lui arrivera comme à tous les autres, on peut prédire à la France un paysagiste digne des beaux temps de l'école flamande. Nous réparons ici une omission bien involontaire en mentionnant la *Vue d'Alger* de M. Labouère : cet ouvrage, où l'on reconnaît la main d'un amateur plutôt que celle d'un artiste, est empreint d'un sentiment profond ; il offre un contraste frappant avec cette Afrique de bon ton que des hommes d'une beaucoup plus grande renommée nous ont rapportée dans leurs insouciantes études.

La marine n'est pas en progrès comme le paysage ; MM. Gudin et Isabey n'ont fait, à vrai dire, que jouer avec leur talent. Une réputation si bien acquise à d'autres expositions exige pour l'avenir de plus sérieux efforts. Nous ne pouvons guère rappeler comme productions d'un effet original, que la grande marine des côtes de Normandie de M. Roqueplan, et une rencontre de deux bâtimens, par M. Garneray, dans laquelle l'un porte le pavillon blanc, et l'autre le pavillon tricolore. La voilure et la marche de ces deux navires sont rendues d'une manière très remarquable.

Je n'ai pu m'occuper jusqu'ici des productions fort nombreuses qu'ont fournies au salon l'aquarelle, le lavis, la miniature, la lithographie, et généralement toutes les branches secondaires de l'art. J'énumérerai donc rapidement les beaux dessins de la Grèce de M. Dupré, les miniatures de M. Meuret, de M. Augustin, de M. Saint; les émaux de M. Duchesne, les lavis de M. Hubert, les aquarelles de M. Siméon Fort, etc. Une grande *Vue du pont de la Sanità*, à Naples, par M. Cicéri, me paraît le chef-d'œuvre de ce genre, cultivé aujourd'hui avec beaucoup de succès parmi nous; j'avertis seulement le lecteur qu'ici doivent se rencontrer les omissions les plus fortes, des ouvrages fort distingués, mais malheureusement d'une dimension trop petite, se perdant aisément dans le déluge de l'exposition.

La lithographie ne paraît pas être, depuis quel

que temps en progrès; en revanche la gravure au burin a produit quelques beaux ouvrages, parmi lesquels on doit citer, après le *Gustave Wasa* de M. Dupont, la *Vierge au berceau* de M. Desnoyers; *Sainte Anne* d'après Léonard de Vinci, par M. Laugier; le frontispice de l'ouvrage de M. Turpin de Crissé, par MM. Forster et Leisnier; des vignettes de MM. Blanchard et Cousin, etc. La *Saint-Barthélemy* de M. Prudhomme, d'après M. Delaroche, se distingue surtout par la finesse et la légèreté des fonds. Le portrait de mademoiselle Sontag, d'après le même peintre, gravé à la manière noire par M. Girard, ne le cède à rien de ce que les Anglais ont fait de plus harmonieux en ce genre.

Les étrangers n'ont pas cette fois enrichi notre exposition de productions bien nombreuses : on ne peut guère citer qu'une *Herminie secourant Tancrède,* par M. Luchini, qui passerait en Italie pour un chef-d'œuvre; des animaux de M. Eugène Verboeckoven, et d'admirables dessins de M. Mercuri.

Plusieurs architectes ont exposé des travaux d'un grand intérêt, au nombre desquels on doit surtout citer la Restauration d'un temple d'Agrigente et d'une basilique antique, par M. Hittorff;

les dessins de M. Blouet, chef de la section d'architecture de la commission de Morée; des vues des principales mosquées du Caire, par M. Coste, etc... Mais on comprend que ces travaux, dont le mérite ne se devine pas à la première vue, réclament un examen attentif et séparé : nous tâcherons plus tard d'en donner une analyse succincte.

Depuis l'apparition du groupe *des Graces*, par M. Pradier, l'exposition de sculpture a peu changé de physionomie. L'ouvrage le plus important qui ait été placé dans ce dernier mois est une figure de jeune pêcheur napolitain, par M. Rude, l'auteur du beau buste du peintre David dont nous avons déjà parlé. Ce morceau se distingue par un sentiment vrai et une belle pratique du marbre ; ce sont toujours d'excellentes figures que *le Triptolème* de M. Gatteaux, *le Mercure* de M. Duret et *l'Innocence* de M. Després.

On a vu un moment au salon deux jolis échantillons du talent de M. Tenerani, l'un des plus habiles sculpteurs qui se soient formés en Italie depuis la mort de Canova ; toutefois les amateurs doivent se garder de juger les artistes étrangers sur des ouvrages qui ne sont souvent pour leurs auteurs que des objets de pacotille.

M. Barye a exposé deux nouveaux groupes d'animaux, de moindre dimension que le premier, et qui nous semblent inférieurs, surtout en ce qu'ils ont perdu ce caractère monumental qui distingue si éminemment *le Tigre dévorant un crocodile*. Le début de M. Barye n'en reste pas moins le plus distingué qui ait eu lieu depuis long-temps dans la sculpture. Nous rappellerons aussi le joli groupe d'enfans de M. Chaponière.

Dans la gravure en médailles, après MM. Depaulis et Domard, les maîtres non contestés de la jeune école, les portraits de M. Bovy nous paraissent mériter une distinction particulière.

En résumé, c'est la première fois en France que le prix demeure sans contest au talent vrai, simple, rude parfois et dépouillé de tout charlatanisme, contre les séductions du pinceau, l'arrogance du convenu, les mignardises de la mode et les protections du beau monde; belle fumée au moins, fumée odorante et de bon aloi, qui consolera nos artistes, jusqu'à ce qu'il plaise aux ministres, aux chambres, aux clubs, au choléra-morbus et à la Prusse de nous faire ou de nous laisser jouir en paix de la belle peinture, de la musique, des émotions douces, et de tout ce qui fait de notre existence autre chose qu'un enfer ou qu'une prison. Amen !

CHAPITRE XVII.

Visite du Roi.

(17 août 1831.)

Aujourd'hui le Roi s'est rendu à une heure après midi au Louvre pour clore l'exposition de 1831 et distribuer aux artistes les récompenses et encouragemens d'usage. S. M. qui n'était accompagnée que de quelques aides-de-camp, a été reçue à la porte par M. de Forbin, M. de Cailleux et MM. les conservateurs du Musée royal. Après avoir donné un moment à l'examen des sculptures découvertes à Olympie par la commission de Morée, et avoir exprimé sa satisfaction sur l'importance de ces débris de l'antiquité à MM. Blouet et Dubois, aux travaux desquels la France en doit la possession, le Roi a commencé par la galerie de sculpture la visite des travaux des artistes modernes, qui n'a pas duré moins de trois heures et demie.

Une foule considérable et qui ne différait des jours les plus brillans de l'exposition que par l'affluence des artistes et l'élégance des toilettes, remplissait de bonne heure le salon carré et la grande galerie du Louvre. Le Roi, dont le cortége avait souvent peine à se faire un chemin à travers les flots des curieux, a examiné avec un soin minutieux tous les ouvrages de l'exposition, appelant les artistes les plus distingués pour leur témoigner son approbation, et, ce qui était surtout nouveau, exprimant sur les différentes productions des jugemens que la foule recueillait avec une avide curiosité. Pendant ce temps on se pressait dans la salle d'introduction pour signer une pétition au Roi à l'effet d'obtenir désormais une exposition annuelle. Un grand tableau de M. Granet, exposé du matin seulement, et représentant un *Rachat de captifs*, fixait l'attention des artistes et des amateurs, qui exprimaient vivement leur admiration pour cette nouvelle et capitale production de l'auteur du *Stella*.

Après sa longue tournée, le Roi est revenu se placer au milieu du salon carré, et M. de Cailleux, secrétaire général des Musées, a fait l'appel des artistes auxquels les médailles de première et seconde classe étaient décernées. Ces médailles ont été remises par S. M. à tous ceux des artistes qui ont répondu à l'appel. Cette distribution a été suivie de la lecture des listes d'acquisition et de commande de tableaux et de statues. Enfin, MM. Léopold Robert, peintre ; Henriquel Dupont, graveur au burin; et Duprez, graveur en médaille, ont été proclamés chevaliers de la Légion-d'Honneur aux applaudissemens de l'assemblée, qui jusque-là s'était contenue dans un silence respectueux, et le Roi a remis lui-même à MM. Robert et Dupont les insignes de l'ordre qui venait de leur être conféré à si juste titre.

M. Duprez, vieillard presque octogénaire, et dont le talent ne s'était conservé qu'en souvenir dans la mémoire d'un petit nombre d'artistes, n'était pas présent au moment où son nom a été proclamé. Nous devons savoir gré cette fois à l'administration de la dérogation qu'elle s'est permise à cette ingrate habitude qu'on a presque toujours chez nous de ne compter pour rien les services et les succès, quand l'âge de la production a passé pour les hommes. Le Roi ne s'est retiré qu'à plus de cinq heures, après avoir annoncé qu'à l'avenir, et pour seconder l'essor si remarquable de l'école, l'exposition du Louvre aurait lieu tous les ans. Cette promesse sortie d'une auguste bouche, et par conséquent désormais irrévocable, a été accueillie par de vives et longues acclamations.

La circonstance la plus nouvelle et la plus frappante qu'ait présentée la physionomie de cette séance, est l'absence presque complète des uniformes et des broderies. Quelques habits d'institut qu'on avait vu pointer dans la première demi-heure, ont battu tout aussitôt en retraite devant l'immense majorité des habits noirs.

Nous donnons plus bas la liste complète des noms proclamés dans cette séance. Peu d'omissions importantes s'y font remarquer, surtout dans la liste des médailles; nous regrettons seulement que le bon grain soit encore mêlé à tant d'ivraie. Et puis, si nous étions en humeur de critiquer, à quelle autorité adresserions-nous nos reproches? Où trouver les coupables dans ce conflit de pouvoirs auquel l'administration des arts est encore livrée, dans ce dédale d'influences publiques ou cachées qui laisse à chacun la liberté de rejeter sur son voisin sa part d'ignorance, de faiblesse ou d'iniquité?

Au reste, nous prions nos lecteurs de ne pas s'étonner des alliances étranges de noms que présente la liste des ouvrages acquis par le Roi. Le seul tort que nous reprochions à cet égard à l'administration des Musées, c'est de n'avoir pas distingué les ouvrages dont l'acquisition était ordonnée dans l'intérêt général de l'art, de ceux dont le choix avait dépendu de considérations particulières au souverain, et que, par ce motif, nous devons respecter. La liste des commandes pour les travaux du Louvre ne renferme que quatre noms : c'est un acquit des promesses faites à la fin de la restauration. En s'abstenant de prendre à cet égard de nouveaux engagemens, la nouvelle dynastie semble avoir à cœur de laisser entière à l'ancien gouvernement la part d'honneur qui lui revient dans cette branche de l'administration. C'est là un genre de délicatesse dont peu de gens lui sauront gré.

Nous devons ajouter aussi que les acquisitions ordonnées par le ministère des travaux publics ne font pas partie de la liste que nous publions. Il faut espérer que nous verrons là réparées des omissions assez extraordinaires, telles que celles des *Druides* de M. Aligny, de l'*Innocence* de M. Després, du *Tigre* de M. Barye, etc.

Quant aux décorations de la Légion-d'Honneur, on s'étonnait du nombre si minime de croix accordées aux artistes par l'administration des Beaux-Arts, lorsqu'on prodigue ces distinctions avec si peu de goût et de retenue dans les bureaux de ce ministère. Serait-il vrai aussi que le nom de M. Ingres, présenté pour le grade d'officier de la Légion-d'Honneur, ait été biffé par une auguste main? En tout cas, il y aurait là une méprise et un oubli.

Quand M. Ingres produisit, en 1828, son magnifique plafond de l'apothéose d'Homère, il n'était décoré que depuis trois ans de la croix de chevalier. Tout le monde convint qu'un avancement si glorieusement conquis ne pourrait lui être refusé quand l'intervalle de temps exigé par les statuts de l'ordre pour l'obtention des grades serait écoulé.

Le silence que M. Ingres a gardé dans l'exposition présente n'a périmé cette obligation pour personne. Est-ce que si des circonstances fâcheuses empêchaient de paraître à la prochaine exposition M. Delaroche, qui se trouve exactement dans le même cas que M. Ingres à la dernière, le grade qu'il a conquis au jugement de tout le monde lui serait disputé? Peut-être aussi eût-il fallu se souvenir que M. Schnetz était en état de remplir toutes les conditions désirables pour être nommé officier de la Légion-d'Honneur.

CHAPITRE XVIII.

Buste de M. de Châteaubriand, par David.

Les *expositions* sont d'origine française; les *exhibitions* ont pris naissance en Angleterre. Les premières impliquent quelque chose de gratuit, de général, d'officiel; les secondes ont nécessairement pour but un intérêt spécial, une spéculation privée. On a grandement abusé en France du système des expositions; celui des exhibitions n'a pas produit, en Angleterre, de merveilleux résultats : l'un et l'autre ont cependant leurs avantages, et je crois qu'on gagnera quelque chose à les faire marcher de front, comme le gouvernement et les particuliers paraissent en avoir désormais l'intention.

Les expositions ont pour elles l'éclat de l'ensemble, la magnificence du local, le concours public des récompenses; on leur reproche la susceptibilité des jurys d'éxamen, la partialité ou la complaisance de l'administration chargée de

prononcer le jugement, on devrait craindre sur
tout l'inconvénient qui résulte pour le talent de
artistes, du besoin de briller à tout prix dans un
foule où cette considération n'a été oubliée pa
personne. De là, l'éxagération dans toutes le
formes, dans la dimension des toiles, dans le
sujets, dans les poses, dans la couleur : or, l'éxa
gération n'avait pas besoin des expositions p
bliques pour se développer en France; non qu
le goût ne soit en définitive plus commun dans c
pays que dans tout autre, mais le théâtral domin
exclusivement chez nous depuis deux siècles,
pour les arts du dessin le théâtral est la pire de
données.

Les exhibitions compenseront-elles, pou
nous, l'inconvénient de ces solemnités bruyant
où les talens viennent éclater et se perdre comm
des bulles de savon ? Les exhibitions, comme o
les entend en Angleterre, avec le bureau à
porte et les prix de vente affichés, n'ont jama
réussi en France, et avec raison. Il a fallu
motif sacré de la bienfaisance pour donner au
exhibitions de la rue du Gros-Chenet la vogu
qu'elles ont obtenue; en même temps, le publ
s'est habitué à s'occuper de peinture dans l
intervalles des salons du Louvre.

Spéculateur habile, M. Gaugain a remarqué cette nouvelle disposition du public, et la fondation du Musée Colbert a eu pour but de la mettre à profit; mais il s'est bien gardé de demander pour lui l'offrande qu'on abandonnait si volontiers aux Grecs, ou à la maison de M. de Belleyme, il a prévu la répugnance qu'il rencontrerait dans le public. Qu'on ne s'y trompe pas, cette répugnance est ce qui fait honneur à l'esprit de notre société ; grace au ciel, la reconstitution de notre aristocratie n'a pas encore porté atteinte à la position de nos artistes dans le monde : c'est le meilleur signe pour une classe, quand l'indépendance et le respect auxquels elle a droit sont compris par toutes les autres. Et qui plus que les artistes à besoin de cette indépendance, eux pour qui la considération personnelle est la seule compensation de tant de sacrifices et de mécomptes?

Le Musée Colbert a donc une partie des avantages des grandes expositions : il a de plus qu'elles la continuité, l'accès ouvert à tous les artistes, et en même temps je ne sais quoi de simple, de contenu et de reposé, qui ne fait pas songer au peintre à éblouir et à frapper, qui dispose l'observateur à étudier et à méditer.

Je serais fâché que les sommités de notre école ne comprissent pas cet avantage, et qu'un vain sentiment de leur dignité les empêchât d'envoyer leurs ouvrages au Musée Colbert : quelques uns paraissent préférer le système italien des ateliers ouverts à de certaines personnes, à certains jours et à certaines heures; mais ce système, que je conçois parfaitement à Rome, où se renouvelle sans cesse un peuple de curieux uniquement occupé de voir et d'observer, ce système est-il de mise à Paris, où le tourbillon des affaires et des plaisirs absorbe tous les instans ? Qu'en résulte-t-il ? c'est que l'artiste ne voit que ses amis ou pour mieux dire sa coterie; c'est qu'étant là, lui ou les siens, pour recevoir les complimens, il n'entend pas un avis franchement exprimé sur son ouvrage; c'est qu'il est privé de ces jugemens si rudes, qui, sortant de la foule, frappent le pauvre auteur jusqu'au fond de l'ame, mais qui bien souvent aussi le redressent de ses illusions et le remettent dans la bonne voie.

Quoi qu'il en soit, voici un bon exemple de donné : M. David, membre de l'institut, a exposé le buste de M. Châteaubriand; les collègues de l'habile statuaire crient peut-être aujourd'hui au scandale, mais demain ils suivront son exemple, et tout le monde y gagnera; le public comme M. Gaugain, les membres de l'institut comme le public.

On connaît le beau talent de M. David, et surtout l'application qu'il en a faite à la sculpture de portrait. Les travaux si remarquables de la science craniologique, devaient nécessairement exercer leur influence sur les arts du dessin et principalement sur la sculpture : mais ce n'était pas froidement, et tels qu'on les observe sur le cadavre, que ces résultats devaient saisir l'imagination de l'artiste; c'était dans la vie elle-même, et par une heureuse combinaison des hypothèses ingénieuses de Lavater, avec les observations plus rigoureuses du docteur Gall.

En étudiant les bustes et les nombreux médaillons que l'on doit au talent de M. David, en voyant à quel point il s'est attaché à exprimer le caractère fondamental de chaque physionomie et la peinture de l'ame, non seulement dans l'expression mobile du visage, mais encore dans la structure du masque, on ne peut s'empêcher de reconnaître dans l'habile statuaire un croyant de l'école phrénologique. Heureusement pour l'art, cette croyance s'est logée dans une tête passionnée, et n'a fait qu'en diriger les élans sans les ralentir.

M. David recherche les têtes des grands hommes avec autant d'ardeur que M. Gall en désirait les crânes ; mais la démonstration que l'artiste donne de sa science n'a pas besoin, pour devenir rigoureuse, des mêmes conditions que celles du médecin ; aussi est-ce non seulement un honneur, mais encore une jouissance personnelle que d'être modelé par M. David. Il vaut mieux pour les grands hommes et pour nous, les étudier, grace à lui, vivans dans le marbre, que de chercher avec le scalpel de M. Gall la trace de leurs facultés éteintes.

Dans cette galerie, déjà si précieuse pour les contemporains et si importante pour l'avenir, qui pouvait disputer le premier rang à l'auteur de *René* et des *Martyrs?* Aussi M. David paraît-il avoir compris l'importance de sa tâche, et jamais buste plus parfait n'est peut-être sorti de ses mains.

Ce front ample, découvert et sillonné ; ces sourcils droits et contractiles ; cet œil cave, enchâssé dans une membrane mobile et délicate ; toute cette partie de la physionomie appartient aux pensées hautes et religieuses, aux vues poétiques, à la conception sûre et universelle, aux facultés imperturbables de la mémoire et de l'application.

Le nez droit, les lèvres serrées, les coins de la bouche tombant avec une nuance d'affectation, indiquent l'expression plus voulue que naïve des pensées dont le front garde le trésor; mais les plans larges que forment les maxillaires ramènent et achèvent l'idée de puissance et d'étendue qui règne dans l'ensemble du masque : et quand on voit cette tête si forte portée sur les muscles d'un cou vigoureux comme sur une robuste colonne, on comprend que toute la richesse de l'organisation a dû se réunir dans le développement spacieux du siége de tant de belles conceptions.

Sous le rapport de l'exécution, le buste de M. de Châteaubriand offre aussi des détails d'une haute importance. On voit que l'artiste a constamment rendu, de préférence, la masse apparente des objets, sans chercher, comme on le fait si souvent en sculpture, à détailler des parties que le marbre ne peut reproduire : c'est ainsi qu'il a laissé les cheveux, dont le mouvement est si noble et accompagne si poétiquement la physionomie, dans une masse générale dont le ciseau

reproduit seulement l'effet; c'est ainsi qu'il s'e
refusé à donner aux sourcils une épaisseur q
est rarement dans la nature, et qu'en pinçant le
bords du bandeau qu'ils forment au dessus de
yeux, il a suppléé à l'absence du signe coloré qu
appartient à la peinture.

Ces procédés sont ceux de l'antique. Il e
vraiment singulier qu'à une époque où l'on n
jurait que par les statuaires grecs, des préjugé
de pratique et d'académie aient empêché de le
imiter dans une partie si importante de l'effe
sculptural. M. David, qui appartient à une écol
plus indépendante, s'est montré imitateur plu
intelligent de l'antique : heureux les arts, si tout
émancipation pouvait les conduire dans un
route aussi sûre !

Le portrait de M. de Châteaubriand, pa
Girodet, jouit d'une grande célébrité. Mais que
que soit le mérite de cette peinture, nul dout
que M. David n'ait mieux saisi la physionomi
caractéristique de l'illustre écrivain.

CHAPITRE XIX.

La Barricade de M. Delacroix.

(Fragment.)

.... N'est-ce pas un véritable tour de force que d'avoir fait à distance de cinq mois une *Barricade* à la foi vraie, belle et poétique? M. Delacroix me semble avoir parfaitement compris son sujet dans une perspective aussi courte que la nôtre ; il ne s'est pas attaché à reproduire la barricade de tel carrefour, où l'on serait venu lui demander compte d'un pavé ou d'un trou de balle oublié. Une scène ouverte, un nuage de fumée à travers lequel les tours de Notre-Dame, aperçues dans le lointain, désignent, dans un sens général, la ville où la grande révolution s'est passée, le dispensent de toute explication topographique ; les acteurs de la scène sont de même ceux qu'on a vus partout, et qu'on ne se rappelle avoir précisément rencontrés nulle part. Le combat touche à sa fin : un Suisse, un cuirassier, victimes touchantes d'un honneur mal entendu, et auxquelles le vainqueur n'a pas refusé la pitié, gisent aux pieds de la barricade fumante ; le flot populaire, long-temps protégé par ce rempart, en fait rouler les débris tout à l'heure inutiles. Mais le sang des assaillans s'est mêlé avec celui des vaincus, et les victimes nationales tombent à côté des soldats expirés. Quels sont donc ces victorieux ? des enfans qui conservent dans ce combat le délire insouciant de leurs jeux ; de jeunes fronts où brille le sérieux de l'étude et le courage de la conviction ; des têtes plus mûres, blanchies par d'anciens combats, et sur lesquelles on lit, avec une ardeur non contenue, l'expérience et le calcul du danger ; et au milieu, une femme jeune, forte, brillante, habillée comme le peuple, mais éclatante d'une lumière inconnue, bizarre pourtant par la nudité de ses épaules, par le bonnet qui orne sa tête, par l'étendard qui s'agite dans ses mains. Cette femme, que bien des gens croiront un moment de leur connaissance, tant elle est du jour et du lieu, cette femme n'est autre que la Liberté populaire. On se récriera sans doute à l'apparition de cette allégorie ; quant à moi, je l'ai trouvée si vivante, si vraie, si liée au sujet qu'elle résume poétiquement, que je n'ai pu m'empêcher de donner gain de cause à M. Delacroix ; je suis sûr d'avance que le public fera de même en présence du tableau.

On ne s'attend pas sans doute de la part de M. Delacroix à une grande correction de dessin, à une exécution partout égale et soutenue; mais ce que les amateurs retrouveront avec plaisir, c'est le sentiment profond, l'émotion, la vigueur d'expression qui distinguent à un si haut degré le *Dante* et le *Massacre de Chio*. Disons-le hautement, maintenant que nous sommes loin du *Sardanapale*, M. Delacroix est rentré dans une bonne voie, dans celle que lui indiquent la nature de son ame et la direction de son talent ; encore quelques efforts, et la cause de la nouvelle école sera gagnée par celui que, malgré plusieurs échecs bien mérités, les gens de goût se sont obstinés à regarder comme son représentant le plus original et le dépositaire le plus sûr de son avenir.

CHAPITRE XX.

Recueil de dessins de tapis, tapisseries et autres objets d'ameublement, exécutés dans la manufacture de MM. Chenavard.
1 vol. in-fol.

Le recueil que nous annonçons est connu depuis quelques années des artistes ; dans l'origine ce n'était qu'un spécimen des principaux produits de la manufacture de tapis et d'ameublemens que dirigent MM. Chenavard. Depuis lors, M. Chenavard fils, ayant multiplié ses travaux, a dû comprendre dans ce recueil des objets qui sortaient du cadre de sa manufacture : l'ouvrage a donc pris un intérêt général, et la publication complète en était devenue nécessaire ; c'est sur ce plan agrandi qu'il se continuera, et deviendra, avec l'aide de Dieu et du temps, l'œuvre de M. A. Chenavard.

Cette détermination est de bon augure pour l'artiste ; elle prouve en lui le désir de ne rien abandonner de ses créations, le besoin de se rendre à lui-même un compte sévère de tout ce qu'il fait. Pour le genre auquel la nature, bien plus que les circonstances, a destiné M. Chenavard, celui de l'architecture d'ornemens, il ne peut y avoir de petites choses, et même le cachet de l'artiste est dans l'intérêt qu'il sait donner aux objets les moins importans en apparence, sans pourtant leur faire subir une transformation contraire à leur nature. Quant au caractère spécial du talent de M. Chenavard, il a déjà été suffisamment apprécié et expliqué ailleurs que dans cet ouvrage : nous ne reviendrons pas sur les éloges que nous lui avons donnés, et nous attendrons, pour les critiques, des productions plus récentes que celles que nous avons sous les yeux.

Les publications de cette espèce acquièrent avec le temps un mérite supérieur peut-être à leur utilité actuelle ; elles deviennent des chapitres de mœurs ; elles nous initient aux moindres détails de la vie intime des peuples à chaque époque ; elles réparent l'injure de l'âge à l'égard d'une foule d'applications de l'art, dont un petit nombre d'échantillons survit à la génération qui les a créées ; ce sont des annales domestiques aussi bien que les comédies, les romans ou les mémoires secrets. Sous ce rapport, les dessins de M. Chenavard nous intéressent déjà comme té-

moignage du passé, tout autant qu'un vaudevill[e]
de 1829 de M. Scribe, et beaucoup plus qu'aucu[n]
des mémoires fardés qui ont eu, non pour but
mais pour prétexte, de peindre la société contem[-]
poraine.

Au commencement, nous plongeons dans le
souvenirs de l'époque impériale. Les première[s]
productions de M. Chenavard se rattachent san[s]
transition et presque sans nuance à celles de l'é[-]
cole de M. Percier. On voit que c'est sous l'in[-]
fluence des idées propagées par ce célèbre archi[-]
tecte, que l'établissement de MM. Chenavard [a]
pris naissance. Maintenant que le temps a pass[é]
sur la révolution opérée par M. Percier, et qu[e]
l'injustice ou l'oubli succèdent à un long règn[e]
d'admiration sans limite, on a beau jeu à blesse[r]
cette remarquable école au défaut de la cuirasse[,]
mais le moindre effort de mémoire devrait rendr[e]
les agresseurs plus prudens. Reportons-nous à l[a]
jeunesse de M. Percier. La difficulté n'avait pa[s]
été de débarrasser la France de son engouemen[t]
pour l'art du dix-huitième siècle; le temps avai[t]
déjà rempli son office de désenchanteur; le besoi[n]
qui se faisait sentir alors était celui de substitue[r]
à un goût mauvais sans doute, mais conséquen[t]
et complet en lui-même, une forme aussi rigou[-]

reuse, aussi déterminée et par conséquent aussi féconde; telle n'avait pas été la préoccupation des artistes qui participèrent à la prétendue renaissance de Vien. On écrivit le mot *antique* sur toutes les bannières; on prodigua les appellations grecques; on fit une irruption hâtive sur les monumens; et sans s'inquiéter d'où chaque chose venait, quel motif l'avait inspirée, et quelle place avantageuse elle pouvait prendre dans nos usages, on revint, chargé d'un butin confus, mettre tout en œuvre à l'étourdie: véritable conquête de l'Italie à la manière de Charles VIII, et qui, sans des circonstances nouvelles, ne devait laisser que bien peu de traces.

Une pause se fit dans ce mouvement, grace à l'influence de Marie-Antoinette. Cette belle reine représentait le passé avec trop de charmes, pour que l'art ne consentît pas à quelques concessions en sa faveur. C'est dans les appartemens de la reine à Fontainebleau, à Saint-Cloud, et dans quelques parties du Petit-Trianon, qu'on peut étudier le caractère de ces ornemens qui tiennent à la fois de Louis XV et de l'Empire, mais auxquels, tout bâtards qu'ils sont, on ne peut refuser une grace un peu débile et une élégance presque voluptueuse : c'était dans ces boudoirs alors si frais que les vieilles camaristes pouvaient s'écrier avec quelque raison : La ruine de l'étiquette perd la cour.

Des boudoirs de Trianon nous passons brusquement, cruellement, aux pyramides de planches et de toiles que bâtissait et que brûlait tour à tour la république, et aux fêtes en plein vent dont le grand David était l'ame. Nous le voyons s'asseoir comme Brutus au consulat des arts, non sans avoir condamné ses premiers enfans, jetés dans le moule de l'ancien régime et dès lors indignes de vivre à ses yeux. Si l'on s'en rapporte aux souvenirs des contemporains, ces fêtes, toutes contrariées qu'elles étaient, et par le climat qui se refusait à devenir grec ou romain, et par les répugnances de l'ancienne société, auxquelles l'échafaud ne pouvait imposer silence, ces fêtes pourtant ne manquaient ni de grandeur ni d'éclat. Mais elles ne devaient pas laisser plus de traces que les monumens autour desquels elles se célébraient. D'ailleurs on ne croyait pas vivre alors au milieu d'Athènes élégante, molle et policée, mais dans Rome rude et sauvage : je vous demande quel parti un ornemaniste aurait pu tirer de ces Fabricius?

Alors pourtant parut M. Percier. En même

temps que son inséparable ami M. Fontaine préludait aux vastes créations qui devaient rendre son nom, coûte que coûte, immortel; en même temps que Thibault, en se livrant aux études arides de la perspective, ramenait l'école aux combinaisons d'effets par les lignes extérieures des monumens, M. Percier montrait par son exemple sur quelle base nécessaire doit reposer toute bonne architecture, le choix sévère et le tracé intelligent et pur des ornemens. Mais il fallait une autre époque que celle de la République pour que le talent de M. Percier se montrât dans tout son jour. Ni la bouffissure constante des idées, ni l'austérité grimacière des formes ne convenaient à un homme avant tout pur, suave et abondant. Aussi l'Empire fut-il l'ère véritable de M. Percier; c'est dans les travaux du Louvre qu'il scella une alliance durable entre l'art du dix-neuvième siècle et celui du seizième, et qu'il redonna une base nationale à l'art français.

Maintenant, et comme étude de mœurs, que représentent les ouvrages d'ornement de M. Percier? Une époque un peu guindée, sèche, prétentieuse, mais élégante et soutenue; un monde qui par tous les moyens cherche à se rattacher au passé, mais qui se sent frappé de quelques préjugés invincibles quand le passé lui apparaît sous les formes de l'ancien régime; des poupées de dames romaines, des Espagnols d'opéra-comique, des pantins avec la toge; toute une parure qui ne doit durer qu'un jour, qui se hâte de s'épanouir comme une fleur pâle portée sur une tige longue et grêle : et pourtant c'est encore une chose à part, une création qui a ses beautés, neuves dans les temps modernes, et qu'elle croit vainement avoir empruntées à l'antique. C'est sur ce monde surtout, sur ses meubles, ses habits, son entourage, que rejaillit l'influence de l'antiquité incomplétement étudiée, quoique avec conscience : ici, l'ornement sort des mains de l'artiste, pur, mais rongé, maigri, décoloré, comme les fouilles nous le donnent; la copie est sagement faite, l'art de la composition négligé.

J'en reviens donc, après cette imparfaite exposition, à M. Chenavard, qui n'a d'abord d'idées à lui, comme tous ses jeunes contemporains, qu'avec la permission de M. Percier. Vient la Restauration, sous laquelle l'école précédente se décompose languissamment, en même temps que le passé s'efforce vainement de renaître. J'ai déjà dit que la sécheresse était le vice capital de l'école de M. Percier : après tout, cette sécheresse était une nécessité pour un temps où l'on ne s'inquiétait, dans l'ornement, ni de la couleur, ni du modelé des objets. De nouveaux architectes s'aperçurent que les anciens et les maîtres du seizième siècle avaient été à la fois plus gras, plus riches, plus colorés, et vite ils amollirent et étalèrent leurs contours; mais l'école ne leur avait pas appris à s'inquiéter ni du ton ni du modelé; l'œuvre de l'artiste passa du maître à l'ouvrier aussi nue que par le passé. De là résulta un goût d'ornemens flasque, *épaté*, cent fois pire que le précédent.

C'est à ce moment que le soin de faire travailler les architectes ornemanistes fut remis au clergé; l'art manquait d'un enthousiasme qui lui fût propre; la répugnance qu'il éprouvait à rentrer dans des idées antipathiques au siècle le refroidit encore davantage : aussi, qu'est-il sorti de tous ces travaux ? D'une part, une masse insignifiante d'ouvrages où l'ornemaniste a tout simplement accompli sa tâche, sans violer les règles de la grammaire enseignée dans sa classe, mais aussi sans ce soucier de comprendre le but auquel on appliquait sa main; de l'autre, et ceci est l'œuvre propre du clergé, un mélange burlesque de tous les souvenirs laissés par la vieille friperie ecclésiastique du dix-huitième siècle, sans que personne de ce monde singulier parût se douter qu'il existât un autre art chrétien que celui des jésuites, et un emprunt barbare des superstitions du midi, une imitation hideuse de ces suppliciés, de ces cadavres en putréfaction pendus à des poutres bariolées, qui parodient d'une manière si odieuse, dans presque toutes les églises de la Sicile et de l'Espagne, le sublime symbole de la croix. Les productions catholiques de M. Chenavard n'appartiennent pas, comme on peut bien le penser, à ce dernier ordre d'idées; mais malgré quelques idées fines et élégantes qui trahissent l'ornemaniste supérieur, dans ses bannières, dans ses stores de chapelle on reconnaît un homme qui n'a pas encore reçu le baptême de l'artiste chrétien.

Voici venir l'époque prétendue érudite, curieuse au moins, changeante, pyrrhoniste en fait d'art, comme en tout le reste; l'époque des romans historiques, des voyages, des croquis, enfin de toutes les idées qui ont remué le monde de la Restauration, indépendamment de la politique. L'étiquette de l'empire a passé; l'antique plie bagage avec elle. Celui-ci veut du chinois, celui-là du gothique, un troisième du turc; une voix demande du Louis XV, *proh Deus!* et la glace est rompue. Je pense que ce jour-là M. Chenavard respira plus librement qu'à l'ordinaire : l'architecture monumentale ne reprenait certes pas vie, mais l'art de l'ornemaniste commençait. Aussi prompt à satisfaire une fantaisie française que le décorateur, l'ornemaniste s'emparait de la baguette magique qui doit nous faire vivre tour à tour dans tous les siècles, et nous donner l'illusion de toutes les choses qui ne sont plus.

Je trouve dans le recueil de M. Chenavard, un projet de salon chinois qui, rendu avec soin, produirait un effet enchanteur : or, quand j'examine non la livrée extérieure de ce projet, mais le fond même des idées, je ne trouve rien qui me représente mieux certaines créations antiques, telle que la fameuse tente de Ptolémée-Philadelphe, dont la destination était temporaire, les matériaux légers, et dont le souvenir n'est resté que dans les livres. D'où je conclus que les pyrrhoniens ont raison quelquefois, et qu'il y a quelque chose de plus absolu en fait de beauté que le beau absolu des marbres antiques, c'est le rapport de la forme et de l'ornement avec la destination des objets et les matières qu'on emploie.

M. Chenavard nous donne quatre modèles de panneaux de tapisserie, sur lesquels nous lisons 14e, 16e, 18e, et 19e siècles. Sur le premier, une Madone lit dévotement ses heures; sur le second brille une statue plus coquette, qui semble échappée au ciseau de Jean Goujon; au milieu du troisième, un berger et une bergère de Wateau chantent une ariette de Mondonville; le quatrième pourrait servir de frontispice aux *Mémoires de M. de Beausset.* Tout cela est légèrement ironique, quoique fort gracieux : j'y trouve la démonstration que M. Chenavard n'a pas plus de foi artistique que son époque : preuve qu'il est appelé à la représenter dans la sphère de l'ornement! C'est un maître Jacques qui a vingt souquenilles pour une : comme il doit plaire à son maître, le public avare, qui voudrait plus que jamais *faire bonne chère avec peu d'argent!*

CHAPITRE XXI.

De la Peinture sur verre.

(1828.)

La croyance au merveilleux est beaucoup plus dans la disposition de notre âge qu'il n'est porté lui-même à le penser. L'imagination, dont le terrain se rétrécit chaque jour par les empiétemens du positif, ou de ce qui passe pour tel, n'en éprouve pas pour cela moins de besoins, et se prend à ce qu'elle peut pour les satisfaire. Il faut en convenir, elle avait beau jeu avec les sciences occultes ; pourquoi s'étonner si elle garde encore à leur sujet quelques uns de ses anciens préjugés, si elle croit encore à des recettes merveilleuses, à des secrets perdus, enfin si elle conserve une préférence naturelle pour les mouvemens hardis de l'empirisme, contre la marche lente et minutieuse de la méthode? C'est à cette disposition qu'on doit attribuer l'erreur si généralement répandue de la perte des secrets de la peinture sur verre. Quand les masses ont été prises par les yeux, c'est par la même voie que doit leur arriver une conviction nouvelle : une démonstration que les livres sont chargés seuls de donner, combat vainement une opinion enracinée par l'habitude, et, disons-le avec franchise, par le jugement impartial de nos sens. Il n'y a donc rien de surprenant à ce que Le Vieil, dont le père et les frères ne faisaient, à ce qu'il paraît, que d'assez mauvais vitraux, et qui d'ailleurs, dans la partie scientifique de son livre, ne donnait que des recettes incapables d'en produire de meilleurs ; il n'est pas étonnant, dis-je, que cet auteur n'ait pu parvenir à démontrer historiquement qu'on pouvait encore en fabriquer d'aussi bons qu'à aucune époque antérieure. Ce que nous serions plus tentés de blâmer, c'est la disposition où le public n'a cessé d'être, de croire, à chaque tentative isolée, que ce secret si merveilleux était enfin retrouvé, puis, se désabusant presque aussitôt, de déclarer encore une fois qu'on ne le retrouverait pas. Il y a pourtant des degrés dans cette préoccupation, quelle qu'elle soit : le dogme populaire et grossier, c'est de croire à l'impossibilité absolue de peindre sur le verre ; l'erreur plus relevée, celle que les faits justifient encore en partie, c'est de s'imaginer que les meilleurs et les plus précieux procédés de cet art sont entièrement perdus; la plus nouvelle enfin, et celle qu'il importe le plus de combattre, en méconnaissant le caractère et l'attribution de cette peinture, élève aujourd'hui autel contre autel, aspire aux honneurs de la création plus qu'à ceux du renouvellement, et appuyée sur quelques conquêtes de la chimie moderne, regarde comme en pitié l'admiration que le grand nombre porte encore aux anciennes écoles.

Ce qu'il y a de curieux, c'est que ce spectacle est loin de se borner à notre capitale. Partout, à Vienne, à Berne, à Munich, à Berlin, à Nuremberg, à Londres, les imaginations s'échauffent, et les essais se multiplient : c'est une impulsion presque universelle, et dont les différens mouvemens se sont manifestés à la fois, les uns à l'insu des autres.

Nous sommes loin de posséder les élémens de ce vaste tableau; c'est en quelque sorte le hasard qui, à propos des tentatives faites en France, nous a révélé quelques unes de celles qui se partagent l'attention de l'Europe. On ne s'étonnera donc pas si beaucoup d'omissions se glissent dans ce que nous aurons à en dire. Notre but étant d'éclaircir la question en ce qui nous concerne seulement, par l'exposé des faits tant anciens que modernes, il suffira que des erreurs capitales ne détruisent pas les exemples que nous aurons cherchés dans d'autres pays.

Un embarras beaucoup plus grand aurait pu nous saisir, s'il eût fallu nous jeter dans un exposé technologique ; et pourtant la source de presque toutes les erreurs dans les discussions de ce genre est dans l'ignorance des procédés spéciaux, et dans les fausses synonymies qui en résultent. C'eût donc été pour nous, dépourvus que nous sommes de la connaissance pratique des choses, une entreprise téméraire, que celle où nous sommes entrés, si le guide le plus sûr ne nous eût conduits lui-même, et n'eût offert les mêmes facilités au public. Nous voulons parler du mémoire dans lequel M. Brongniart a traité spécialement cette question, et que son auteur a bien voulu nous communiquer avec une rare obligeance, avant de le livrer à l'impression. Nous croyons devoir avertir ceux de nos lecteurs qui voudront entrer plus avant dans la partie purement technique de la question, que cet article ne les dispensera nullement de la lecture du mémoire de M. Brongniart. C'est là qu'ils trouveront la démonstration scientifique de ce que nous présentons ici sous la forme d'une simple dénégation, savoir, qu'aucun des secrets de l'ancienne peinture sur verre ne peut être regardé comme perdu; ils y verront de même en quoi consistent précisément les conquêtes de la chimie moderne, et quel parti l'art en a tiré. Quant à nous, satisfaits de trouver dans les preuves alléguées par le savant académicien une base à nos assertions, nous en ferons comme le point de départ des faits sans la connaissance desquels la question, complexe de sa nature, ne pouvait être comprise dans son ensemble.

M. Brongniart divise en trois classes les différentes applications de la peinture sur verre. La première est celle de la peinture en verre, au moyen de verres teints ou colorés dans la masse. La seconde est celle de la peinture sur verre blanc, au moyen de couleurs vitrifiables appliquées avec le pinceau et cuites à la moufle. La troisième est la peinture sur glace, dont l'invention est due à M. Dilh, et qui diffère de la classe précédente beaucoup moins par son exécution que par les frais considérables qu'elle nécessite.

Quant à l'origine certaine de cet art, elle remonte à une haute antiquité. On sait que les anciens employaient dans les édifices publics le verre coloré, et particulièrement le verre bleu, de préférence au verre blanc qu'ils fabriquaient moins bien, et auquel ils reprochaient de prendre facilement des sils. Ces verres épais et de petite dimension s'adaptaient aux ouvertures étroites qui existaient entre les réseaux de pierre dont les fenêtres étaient formées. Cet usage, familier aux Romains depuis l'époque de Néron, devint général dans les églises chrétiennes, et se maintint pendant plusieurs siècles dans l'Orient et l'Italie. Les premiers temples construits dans le nord de l'Europe sur le modèle de ceux de l'Italie, furent éclairés de la même manière, et reçurent les mêmes ornemens. C'est là l'origine de l'emploi du verre coloré dans nos climats. Les altérations qu'éprouva successivement le type romain dans l'architecture chrétienne, et qui finirent par la création d'un style entièrement original et propre à l'unité germanique, ces altérations ne firent que développer ce premier usage du verre appliqué à la clôture des édifices sacrés. Les *meneaux* de pierre qui divisent en compartimens variés les grandes roses de nos églises, nous rappellent encore les réseaux qui formaient la fenêtre antique. La même empreinte se trouve dans les couronnemens découpés des fenêtres du même style, et dans les colonnettes élancées qui en divisent les compartimens. Sous le ciel méridional, des ouvertures étroites ne portaient dans le temple qu'une lumière affaiblie, introduite avec précaution, et combattue dans sa force trop souvent importune et nuisible. Il n'en pouvait être de même dans le nord, où l'importation exacte du même système pouvait tout au plus convenir à l'austérité des premiers âges du christianisme. Aussi les jours d'abord très étroits des églises reçurent-ils une extension progressive dont le terme coïncide avec le développement universel de l'architecture gothique. Il y a donc une raison plausible de douter que nos ancêtres aient été aussi préoccupés qu'on le croit du soin de répandre dans les églises une *religieuse obscurité*. On ne peut confondre l'effet des vitraux altérés par le temps, et couverts presque toujours d'une croûte épaisse à l'extérieur, avec celui qu'ils devaient produire dans l'éclat de leur nouveauté. L'obscurité n'a jamais été recherchée que là où l'on craignait le soleil : l'étendue presque illimitée donnée aux fenêtres dans l'architecture du moyen âge, indique une intention toute contraire. Cette observation acquiert un plus haut degré d'évidence de l'emploi même que l'on donnait aux verres dans les fenêtres. Dans les églises du midi, la lumière la plus faible, répercutée par les mosaïques à fond d'or qui couvraient les murailles, suffisait pour donner à l'imagination symbolique des premiers chrétiens l'idée de la Jérusalem céleste ; dans le nord, pour qu'un effet semblable fût produit, il fallut bien emprunter au jour appauvri de ces climats tout ce qu'il pouvait ajouter à l'éclat des verres colorés par la transparence. Le principe de la peinture sur verre a donc été l'emprunt fait, d'une part, aux édifices antiques, de leurs clôtures vitrées; de l'autre, aux mosaïques composées de petits cubes en verre coloré, des sujets religieux qu'elles étaient appelées à reproduire. Ces faits, et celui de l'extension progressive des fenêtres, sont corrélatifs et s'expliquent les uns par les autres : ils ne peuvent même se supposer les uns sans les autres : l'examen des monumens confirme cette opinion.

On voit par ce qui précède, que la peinture en verre qui tient la première place dans la classification de M. Brongniart, se confond avec l'usage très ancien du verre coloré dans les fenêtres. Ce qui donne à ce procédé une physionomie plus moderne, c'est l'association des diverses couleurs ; et les exemples certains de cette association, qu'on rencontrerait sans doute dans l'Orient à une époque bien antérieure, remontent, à n'en pas douter, dans l'Occident, au moins au pontificat de Léon III. De cet usage à celui de la peinture proprement dite, la transition aurait été rapide, s'il était vrai qu'il eût jamais existé à Dijon un vitrail peint antérieur au règne de Charles-le-Chauve. Mais quand même on contesterait ce fait, un témoignage authentique, celui du prêtre Théophile, nous montrerait, à la fin du onzième siècle ou au commencement du douzième, la peinture sur verre déjà en possession de tous ses procédés, à l'exception des émaux inventés par Jean de Bruges. On ne saurait donc dans quelle époque circonscrire l'usage de la première classe de peinture sur verre, qui, suivant M. Brongniart, employait presque uniquement des verres colorés dans leur masse, puisque le prêtre Théophile décrit comme un procédé commun celui de la peinture proprement dite sur le verre blanc (tel qu'on pouvait l'obtenir alors), et que son témoignage est confirmé par celui des monumens les plus anciens.

La peinture sur verre, en tant que peinture et art par conséquent, s'est donc composée dès son origine de deux parties très distinctes, les verres blancs ou colorés, qui faisaient comme le fond du tableau, les couleurs appliquées au pinceau et cuites à la moufle, qui servaient à marquer les ombres, à modeler les chairs et les draperies, à former enfin une imitation plus ou moins exacte de la nature extérieure. Sous ce rapport, la palette des peintres-verriers n'était pas riche, et l'on ne voit pas que jusqu'au seizième siècle elle ait fait des conquêtes bien importantes. C'étaient toujours des noirs, des gris, des bruns, et des roussâtres sans éclat, sans transparence, et beaucoup moins solides qu'on ne le croit généralement. Tout le génie de l'invention semblait s'être porté sur les couleurs en plein, dont rien ne saurait surpasser la beauté; le bleu, le vert, le jaune, le violet, et surtout le rouge purpurin, paraissent avoir été poussés dès l'origine au plus haut point de perfection. Le Vieil remarque même que le beau rouge, la plus difficile à obtenir de toutes les couleurs, se retrouve plus fréquemment à proportion de l'antiquité des vitraux. Quant aux moyens d'unir, d'assembler ces différens morceaux de verre, ils n'ont pas varié pendant quatre siècles. Il y a même lieu de penser que l'emploi en fut plus intelligent encore à l'époque la plus reculée. Les vitres de la Sainte-Chapelle de Paris nous fournissent un exemple bien frappant de cette habileté.

Chacune des hautes fenêtres de cet admirable monument se divise en deux parties égales, que sépare une légère colonnette en pierre, et que réunit un couronnement ou *amortissement* commun décoré d'une rosace élégante. Dans ces intervalles s'étend comme un tapis de pierres précieuses, souvenir peut-être des riches étoffes de l'Orient; des compartimens réguliers en verre, réunis par de minces filets de plomb, forment le fond de cette séduisante broderie, sur laquelle de petits tableaux se détachent dans toute la hauteur au moyen d'ombres épaisses et fortement marquées. Ces ombres sont formées par la monture en fer destinée à soutenir tout le vitrail, et qui, loin de blesser l'œil, concourt, au moyen de cette disposition ingénieuse, à l'ensemble harmonieux de la décoration. L'emploi des filets de plomb se retrouve dans les tableaux que cette monture encadre, avec cette différence qu'en suivant les contours sinueux des objets représentés, ils servent à les faire ressortir sans jamais en morceler les masses. Les formes intérieures sont exprimées au pinceau; le fond épargné en fournit les lumières. Ce système de décor, auquel l'exiguité des figures conserve tout son charme, à défaut de la perfection du dessin, se trouve reproduit dans toutes les parties de la chapelle avec une grande variété de formes et d'effets. La belle conservation de ces vitres, dont on a seulement supprimé la partie inférieure, non moins que leur mérite extraordinaire reconnu à l'époque même de leur fabrication, doivent les faire considérer comme le modèle le plus frappant peut-être de l'emploi primitif de la peinture sur verre, dont les exemples se retrouvent dans un grand nombre d'édifices des douzième et treizième siècles.

Le but moral de ces représentations avait été de présenter des images à la dévotion du peuple, et d'ouvrir comme un livre aux yeux des plus simples et des plus ignorans. Le besoin peut-être d'atteindre ce but d'une manière plus frappante, introduisit l'usage de ces figures gigantesques de saints, de prophètes, de martyrs, qui quelquefois remplissent, avec le dais qui les surmonte, la hauteur d'une fenêtre, en d'autres occasions se développent sur plusieurs lignes, dans tous les cas se lient au plan régulier de l'édifice par la position symétrique qu'elles occupent, et l'absence d'action qui les caractérise. Il serait difficile de déterminer à quelle époque ce nouveau goût de décoration fut introduit : il est un grand nombre de ces figures dont l'exécution grossière indique au plus tard la fin du quatorzième siècle. Dans beaucoup d'églises de cette époque, les fenêtres de la nef, des bas-côtés et du chœur sont décorées dans la manière primitive, tandis que les grandes fenêtres de la croisée et de la façade appartiennent à la seconde. Peu à peu celle-ci prédomine, et remplace par des masses imposantes les détails un peu confus des plus anciennes vitres. En même temps l'exécution se perfectionne : les fonds sur lesquels se détachent les grandes figures, se diaprent de couleurs variées, imitent les étoffes damassées et les riches tentures; les têtes sont modelées avec soin : leur caractère devient auguste et religieux : les attributs qui les accompagnent sont exprimés avec plus d'attention : il en est de même des armes des donateurs, de leurs portraits, qui, formant, par leur réunion, la ligne de soubassement, complètent ainsi l'ensemble de cette majestueuse disposition.

Il y aurait donc eu dans cette nouvelle application de l'art un progrès véritable à tous égards, si la dimension des figures eût permis de donner, comme auparavant, aux membres de la monture en fer une direction plus favorable que nuisible à la peinture : il n'en fut malheureusement pas ainsi. L'usage s'introduisit au contraire de diviser chaque vitrail en carrés réguliers, dont les séparations coupent arbitrairement les figures et les ornemens, et forment comme une espèce de grille au devant du tableau. Toute l'adresse consista dès lors à éviter que ces épaisseurs ne traversassent des parties importantes, telles que les têtes, les mains, les écussons : mais toujours est-il que l'art, en se développant, commença de trahir son impuissance et ses limites, et qu'une partie de l'habileté des anciens peintres-verriers fut mise en oubli. Cette trace d'infériorité ne s'est plus effacée à aucune des périodes les plus florissantes de l'art.

Les exemples de cette seconde manière sont communs en France pour l'époque la plus reculée. Son perfectionnement au quinzième siècle paraît appartenir presque exclusivement à l'Allemagne. Au moins Le Vieil ne cite-t-il, parmi les monumens qui subsistaient encore de son temps en France, qu'un bien petit nombre d'ouvrages de ce genre où la beauté des têtes et la perfection des détails indiquassent un grand progrès dans la peinture. En Allemagne au contraire, où s'était fondée et maintenue une véritable école d'architecture gothique, cette disposition, toute propre à conserver l'harmonie des conceptions générales, dut plaire davantage aux maîtres constructeurs, toujours jaloux de conserver l'unité du plan au milieu de ces immenses détails. Aussi toute la vigilance des architectes, comme tout le talent des peintres, se sont-ils réunis pour multiplier les monumens de ce genre. La division d'une surface donnée en espaces étroits et perpendiculaires, au moyen de colonnettes minces et flûtées, qui domina partout dans la décoration gothique, habitua les peintres allemands à adapter sans effort leurs figures à cette disposition gênée. Aussi retrouve-t-on ce caractère alongé dans toutes les productions de l'ancienne peinture germanique, quelles qu'elles soient. Presque tous les tableaux du fameux maître Guillaume de Cologne, que M. Boisserée a publiés jusqu'à ce jour, sont de ce genre. C'est aussi de la même manière que peignait sur les vitraux un Jacques Allemand, aussi célèbre par ses vertus chrétiennes que le fut un peu plus tard le frère Angelico da Fiesole, et que les peintres-verriers adoptèrent pour leur patron. Le genre que nous venons de décrire, après s'être perfectionné en Allemagne, s'y maintint plus long-temps que partout ailleurs. Les beaux vitraux des grandes fenêtres de Cologne, qui portent la date de 1509, époque de la plus grande prospérité de l'école allemande, sont traités dans cette manière monumentale et symétrique. A part le mérite architectural, il y aurait plus d'un motif plausible à alléguer en faveur de cette fidélité aux mêmes principes. On serait tenté en effet de reprocher à l'art d'avoir encore une fois méconnu ses limites, en aspirant à comprendre dans ses imitations, le ciel, l'air, l'étendue des campagnes. Ces réflexions trouveront mieux leur place dans ce que nous dirons plus bas de la peinture française.

Nous avons signalé l'introduction des représentations héraldiques dans les vitraux. Le besoin de rendre avec exactitude et finesse les nombreux détails que le blason renferme, a donné probablement naissance à l'une des plus importantes découvertes de la peinture sur verre, c'est-à-dire l'usage des verres à deux couches, désignés sous la dénomination spéciale d'*émaux* par les anciens artistes. Pour bien comprendre ce procédé, qui doubla en quelque sorte les ressources de l'art, il faut bien se rappeler que le plus grand nombre des verres employés dans l'origine étaient teints ou colorés dans leur masse. Les rouges purpurins formaient seuls une exception : on ne pouvait les obtenir qu'en étendant, dans la formation

même du verre, une couche égale et assez épaisse de la matière colorante sur une des surfaces de la table. C'est probablement la connaissance de ce procédé, aussi ancien que la peinture sur verre, qui inspira au célèbre Jean de Bruges l'idée d'obtenir par le même moyen toutes les teintes fondamentales. Voici dans quels termes M. Brongniart décrit l'avantage produit par cette découverte : « On enlève avec la meule la couche colo-
« riée; on met à nu la couche limpide, en lui
« donnant exactement les contours de l'objet
« à représenter; on recouvre cette place creuse
« et incolore de la couleur qu'on veut donner à
« l'objet, et on obtient ainsi un ornement, ou
« toute autre chose, d'une couleur différente
« de celle du fond sur lequel il est peint, par
« exemple des fleurs de lys d'un jaune d'or sur
« un fond bleu, etc, etc. »

On ne sait pas bien précisément si Jean de Bruges ne fit que commencer la découverte, ou s'il l'acheva; il est possible encore que ce maître ait enrichi la palette du peintre-verrier de quelques tons nouveaux, et cette opinion s'accorderait assez avec l'idée qu'on se fait de l'inventeur de la peinture à l'huile. C'était effectivement une organisation bien remarquable que celle de ces hommes qui portaient dans la partie scientifique des procédés l'ardeur d'imagination dont ils faisaient preuve dans la pratique de l'art. Cette alliance nous frappe d'autant plus aujourd'hui, qu'il serait difficile d'en citer un exemple contemporain : c'est qu'alors, comme dans l'antiquité, les sciences, abandonnées à un mouvement libre, appartenaient presque tout entières au domaine de l'imagination. Il y avait une grande poésie, une inspiration véritable dans cette allure à la fois incertaine et hardie de l'empirisme. La différence qui s'est établie entre la marche de la science et l'impulsion que l'art exige, nous explique pourquoi le siècle où nous vivons semble aujourd'hui déshérité de ces hommes également maîtres dans l'art et dans la science, qui jouaient un si grand rôle dans les mouvemens de l'esprit humain au moyen âge.

On ne connaît pas de peintures sur verre de Jean de Bruges : mais l'usage des émaux était déjà presque universel au quinzième siècle. Il suffit d'avoir examiné un peu attentivement des vitres de cette époque, ou des suivantes, pour comprendre quel parti les artistes tirèrent de cette découverte. On lui doit même le développement d'une nouvelle branche de l'art, celle des vitraux de petite proportion. Après que la réforme eut arrêté dans la majeure partie de l'Allemagne les grandes entreprises par lesquels le catholicisme avait signalé sa domination, l'art se replia sur lui-même pour se réfugier dans les existences particulières : la noblesse et la bourgeoisie, héritières en quelque sorte de l'église, ne purent offrir au banni qu'une hospitalité mesquine et qu'une place rétrécie. Ce changement se fit surtout sentir en Suisse où la peinture sur verre, devenue presque uniquement héraldique, prit néanmoins un développement extraordinaire, et se maintint pendant long-temps à un haut degré de supériorité relative.

Bien avant la révolution qui s'opéra dans cette partie de l'Allemagne, la face de l'art avait été changée en France par un mouvement d'une plus haute importance : le genre de perfection un peu monotone que la manière allemande comporte, convenait trop peu au génie plus mobile de nos compatriotes, pour qu'ils ne tentassent pas une voie plus conforme à la nature de leurs inspirations. Aussi voyons-nous, dès le milieu du quinzième siècle, renaître parmi nous l'emploi de ces compositions multipliées pour lesquelles le treizième siècle avait montré tant de prédilection.

Seulement comme la peinture a fait d'immenses progrès, qu'il y a non seulement une histoire à raconter, mais un sentiment de beauté à satisfaire, les figures reçoivent un plus grand développement ; le champ de la composition est plus vaste ; l'intérêt pittoresque prend complétement le dessus, et comme l'architecture germanique n'est plus à la fois pour nous qu'une habitude et qu'un jeu, comme le caprice des ornemens a pris la place des idées d'ensemble et d'harmonie, la division des fenêtres, la proportion des parties, et l'effet général des compositions perdent pour ainsi dire tout rapport avec le monument dont elles font partie. C'est un art complétement indépendant, qui s'empare des places qui lui conviennent, qui comble tout ce qu'il peut remplir, espèce de plante parasite qui inquiète pour l'arbre auquel elle s'attache, et qui néanmoins charme l'œil par la grace de son port et la richesse de sa végétation.

L'art français venait de faire scission avec le nord. Le mouvement italien, tout-puissant à la cour des Valois, réagissait vivement sur lui, et minait les traditions germaniques qui, réfugiées dans le peuple, et réduites à une résistance passive, disputaient néanmoins la possession de leur ancien domaine. Le moment de ces transitions est ordinairement des plus curieux à étudier ; l'organisation mixte de la nation en a fait le plus beau siècle de l'art en France. Mais il semble que le perfectionnement qui lui était permis ne fût qu'au prix de la conservation d'une partie des inspirations septentrionales : la renaissance n'a, pour ainsi dire, rien fait naître, au moins dans l'ensemble ; çà été comme le combat de deux élémens également nécessaires à l'organisation vitale ; réduit à un seul, ce corps a dû s'affaiblir et s'éteindre.

En ramenant les choses à ce point de vue, on jugera quelles parties de l'art ont dû grandir dans cette lutte, quelles autres ont dû plutôt s'affaiblir. Il n'est pas étonnant que la statuaire, par exemple, ait tout gagné à étudier les monumens antiques, et à renouveler, en quelque façon, l'anthropomorphisme des Grecs. La peinture sur vitraux au contraire avait un autre principe d'imitation : péniblement arrivée dans quelques détails à un rendu exact, mais raide et gêné de la nature extérieure, elle avait puisé ses inspirations les plus hautes dans l'idéalisme oriental, sorte de prestige qui, par le contraste, a toujours exercé un grand empire sur les imaginations du nord. A cet idéalisme qui régnait dans l'ensemble, se joignait une certaine grandeur austère et sauvage dans les détails, empreinte vigoureuse des idées féodales et chrétiennes. Les ressources éprouvées de ce genre de peinture suffisaient amplement à rendre toutes ces pensées ; on n'aurait pu imaginer un meilleur moyen de reproduire l'éclat des armures, la richesse des étoffes et des tapis, les pierres précieuses, les ornemens sacrés, les mitres et les couronnes. Mais quand les modèles de la beauté souple et voluptueuse des écoles méridionales se furent répandus dans le nord, quand il fut question de donner à la nature animée toute sa variété de lignes et de mouvemens, à la perspective toute son étendue, au paysage toute sa parure, on dut s'apercevoir que l'art créé pour une application bien plus restreinte aurait peine à parler tant de langages. Il en résulta, dans les premiers temps, une espèce de compromis, qu'on put regarder d'abord comme une solution véritable de la question. — C'est à cette première période de la palingénésie (pour nous servir d'une expression que la philosophie semble avoir adoptée), qu'appartiennent les talens les plus originaux de l'école française, tels que *le bon* Pinaigrier et Angrand Leprince. Des ouvrages authentiques de ces deux maîtres il ne subsiste peut-être plus dans leur intégrité que les vitres de la chapelle de la Vierge, dans l'église de Saint-Gervais à Paris, pour le premier, et la plupart des fenêtres de l'église Saint-Étienne à Beauvais, pour le second. On reconnaît dans Pinaigrier un homme profondément versé dans la connaissance et le sentiment des ressources de son art. Ses teintes fondamentales sont les plus belles et les plus variées du monde; ses ombres, placées avec intelligence, n'en dérobent presque jamais l'éclat; ses têtes et ses nus, modelés très légèrement sur un fond remarquablement limpide, conservent un ton argentin qui supplée à l'éclat naturel des carnations; les figures occupant presque toute la hauteur du tableau, le champ se trouve extrêmement resserré, de manière à ce que la masse de lumière qui traverse les parties claires qui le composent, ne puisse nuire à l'effet des parties teintes et ombrées; le paysage, qui lutte d'éclat avec les draperies, est comme elles traité dans un sentiment de vérité purement relative : l'intensité des verts symbolise la richesse et la fraîcheur des campagnes; l'azur foncé du ciel indique toute sa pureté : l'architecture, aussi chargée d'or et de guirlandes, participe de cette donnée idéale qui domine l'ensemble. Tous les tons enfin, poussés à leur plus haut degré de vigueur, se lient et se font mutuellement valoir par une harmonieuse opposition.

Les mêmes qualités, quoique à un moindre degré, caractérisent les peintures de Leprince. Ce maître, il est vrai, reproduisait souvent des dessins de l'école de Raphaël ; mais la manière dans laquelle il les traitait était encore ancienne et ne rappelait l'original que par le caractère du dessin. Outre un grand nombre de vitraux à compartimens, l'église de Saint-Etienne à Beauvais possède encore des fenêtres où se développe un sujet unique, une grande scène, telle que l'arbre de Jessé ou le Jugement dernier. Nous y puisons une nouvelle preuve de l'arbitraire dans les accessoires qui distinguait ce que nous appelons l'ancienne école; dans le Jugement dernier, par exemple, le Christ, la Vierge et les autres personnages importans figurent dans leurs compartimens respectifs sans autre lien de composition que l'idée morale qui les réunit. Le Christ se détache sur un fond uni jaune d'or; le reste du champ est rempli par un azur extrêmement intense; deux anges, aux ailes vertes, sonnent de la trompette; d'autres anges, le soleil, la lune et les étoiles remplissent les vides de l'amortissement.

On peut s'imaginer combien tout cela devait paraître barbare et grossier aux artistes qui avaient vu Raphaël et Michel-Ange en Italie, à ceux qui travaillaient avec Primatice et Rosso pour François Ier. Ce qui est remarquable, c'est que le mérite de Pinaigrier fut assez fort pour que ses contemporains lui gardassent une vive admiration. Jean Cousin lui-même, le chef et le plus habile maître de l'école nouvelle, ne parvint pas à l'effacer. Il existait avant la révolution, dans l'église de Saint-Gervais, un monument remarquable de la rivalité de ces deux artistes. C'étaient les vitres supérieures du chœur, qu'ils avaient peintes en concurrence : un fragment assez considérable du Martyre de saint Laurent par Jean Cousin est tout ce qui subsiste encore de reconnaissable de cette riche galerie. La même église toutefois conserve, dans une chapelle latérale du chœur, une belle vitre de Jean Cousin, qui, rapprochée de la chapelle de la Vierge peinte par Pinaigrier, peut servir entre eux de terme de comparaison. La vitre de Jean Cousin représente dans sa partie inférieure le Jugement de Salomon : l'amortissement est rempli par deux autres scènes de proportion réduite, dont la plus remarquable est la Réception de la reine de Saba. Quant à la scène principale, si l'on ne considérait que le caractère des costumes, Jean Cousin paraîtrait tout au moins aussi gothique que Pinaigrier : il n'en est pourtant pas ainsi pour quiconque veut se pénétrer du sentiment dans lequel cette peinture est faite. D'abord le champ en est vaste, la composition artistement dégradée, la perspective juste, l'architecture noble et sévère, les tons du ciel légers et lointains comme dans la nature, le mouvement souple, les contours étudiés, les têtes italiennes, les draperies larges et onduleuses. Les teintes cependant paraissent avoir perdu de leur vivacité, sans doute à cause de la masse de lumière qui traverse le ciel ; leur position calculée avec moins d'art ne permet plus ces jeux de couleurs qui fascinent la vue dans les vitraux de Pinaigrier ; les têtes d'une plus grande proportion accusent bien plus la pauvreté de la palette et le désaccord qui en resulte pour l'harmonie du tableau ; le ton grisâtre de l'architecture ajoute à cette pauvreté. On regrette enfin pour la première fois qu'un autre emploi n'ait pas été donné à tant de talent : l'idée de la peinture à l'huile se présente involontairement à l'imagination ; la peinture sur verre n'est plus qu'un moyen accessoire et impuissant; il a perdu à la fois toute originalité et toute indépendance.

Telle est effectivement l'impression que paraît avoir produite la peinture sur verre française au seizième siècle, sur toutes les personnes qui en ont fait l'objet d'une étude attentive; elles l'ont toujours considérée comme une espèce de pis-aller, comme une faible compensation de ce qui avait été perdu de fresques et de tableaux, de ce qu'en auraient pu faire les talens mieux employés de nos artistes. S'il y a quelque place à des regrets de ce genre, il en reste beaucoup à l'admiration. La quantité de belles vitres produites à cette époque par l'école française est presque incalculable. Deux siècles de destruction n'ont pu faire qu'il n'en reste partout, dans les moindres villes, des traces dignes d'attention. C'est aussi le temps où notre école acquit dans l'étranger, et particulièrement en Italie, une immense réputation. Guillaume de Marseille fut appelé à Rome par Jules II pour décorer les fenêtres du Vatican, dont Raphaël peignait les murailles. Il y a lieu de s'étonner pourtant que dans ce siècle les Flamands et les Hollandais n'aient pas joui du même crédit. Rien, par exemple, ne nous semble supérieur aux vitres peintes par Rogiers dans l'église de Sainte Gudule, à Bruxelles; elles offrent, de plus, un sujet de parallèle curieux avec l'école française à cette époque. La chapelle dédiée au Saint-Sacrement, dans laquelle elles sont placées, étant pour tous les Pays-Bas l'objet d'une vénération particulière, Charles-Quint voulut s'associer à cette dévotion en s'y faisant représenter avec toute sa famille au pied de l'autel miraculeux. Chacun des princes membres ou alliés de la maison impériale, sa femme et leurs patrons occupent une grande fenêtre; quatre ont été décorées par Rogiers; la cinquième, envoyée, comme l'inscription le témoigne, par François Ier, époux d'Éléonor d'Autriche, sœur de Charles-Quint, offre un goût d'ornemens plus gothique, une manière plus foncée, qui se rapproche des peintures attribuées à Claude Henriet, contemporain de Jean Cousin. Si l'on ne jugeait que par ce seul échantillon, l'école flamande, dans le rendu de ces compositions aussi colossales par l'effet que par la proportion, aurait un véritable avantage. Je ne parle pas de la composition elle-même, qui est d'un goût si noble et si large à la fois, qu'on ne peut s'empêcher de l'attribuer à l'un des excellens maîtres de l'Italie. Je ne cite que sur parole les ouvrages des frères Crabeth à Gouda, en Hollande; mais la haute réputation dont ils jouissent permet de croire qu'à l'époque de Rogiers et de Cousin la Hollande n'était pas moins riche en productions de la peinture sur verre.

La direction imprimée par les peintres du seizième siècle démontrait chaque jour d'une manière plus évidente combien leur palette était bornée, et tous leurs soins devaient tendre à découvrir les tons qui leur manquaient. Malheureusement la science, indocile et capricieuse, semblait peu disposée à soulever le voile qui cachait le reste de ses secrets. C'est sans doute en désespoir de cause que les peintres-verriers s'adonnèrent au genre de la grisaille ou clair-obscur, qui, du moins, à défaut de la richesse des tons, permettait d'établir une harmonie générale plus rapprochée de la vérité, et de produire un effet d'ensemble. Les plombs, plus apparens sur ces teintes légères, contrariaient bien un peu la vue; mais la fabrication des grands carreaux de vitres eût-elle été connue, une disposition symétrique de ces plombs eût été bien moins favorable encore. Cette pratique, usitée jusqu'alors dans la partie ornementale seulement, obtint, à ce qu'il paraît, un plein succès et satisfit de préférence les esprits délicats, ceux auxquels l'Italie avait communiqué son goût et ses maximes : au moins est-on tenté de le croire quand on voit la grisaille appelée à décorer les fenêtres d'Anet et d'Écouen. Il est vrai qu'un bon sens vulgaire conserva en même temps aux constructions gothique leur parure de couleur ; mais quand une fois le goût de la cour eut pénétré dans toutes les parties du royaume, quand il ne fut plus un pauvre village où l'ogive n'eût été proscrite, les fourneaux s'éteignirent, et l'art passa tout à coup d'un immense développement à une existence précaire et bornée : une cause de destruction déjà signalée en Allemagne, la réforme, avait hâté cette ruine; mais sans le changement réel du goût national en France, l'art eût reparu après la tempête religieuse, ce qu'il ne fit presque nulle part. Quand on vient à décrire les vitraux du commencement du dix-septième siècle, on ne trouve plus que des espèces de miniatures : les fenêtres de la maison des Arbalétriers à Soissons, celle des charniers de Saint-Paul et de Saint-Étienne-du-Mont à Paris. Des familles de bourgeoisie obscure, des corporations d'artisans, peut-être d'anciens ligueurs, en faisant les frais de ces derniers ouvrages, rappelaient de leur mieux les dons magnifiques des prélats, des souverains, des princes, des corporations puissantes du moyen âge. Des descendans des anciens peintres-verriers, dépositaires de secrets de famille, se présentaient pour recueillir ces commandes; un petit-fils de Pinaigrier copiait au charnier de Saint-Étienne-du-Mont les plus célèbres ouvrages de son aïeul; il se faisait appeler, comme Jean de Burges, l'*inventeur des émaux*, et pour cette fois il fallait entendre par cette expression les couleurs appliquées au pinceau, et incorporées au verre par le feu de moufle; il est permis de croire, en effet, que les progrès de la peinture sur métaux avaient servi ceux de la peinture sur verre. Ce qui subsiste encore de vitraux dans les charniers de Saint-Étienne indique une intention marquée de rendre les carnations, et forme comme la transition à ce que M. Brongniart désigne sous le nom de seconde classe de cette peinture : les verres teints sont encore employés, mais avec beaucoup plus de réserve; les tons qui ne figuraient auparavant que dans les teintes fondamentales, passent sur la palette du peintre : enfin la multiplicité des détails exécutés sur une même pièce de verre forme de petits tableaux complets, qu'il a suffi d'étendre plus tard pour arriver à l'art anglais moderne, et à la peinture sur glace de M. Dilh.

Il n'était pas donné à la France de suivre cette direction nouvelle. Le manque d'occupation réduisit ce qui restait encore de peintres-verriers à un état si misérable, qu'ils négligèrent pour vivre les principes mêmes de leur art; forcés de renoncer à ces entreprises qui avaient fait la réputation de leurs prédécesseurs, ils semblaient trop heureux d'obtenir un coin dans d'immenses fenêtres, ou d'en décorer le contour avec un maigre ornement. Il faut lire dans Le Vieil les étranges concessions qu'il fait, soit pour conserver les vitres existantes, soit pour obtenir qu'on en commande de nouvelles : il va jusqu'à se vanter d'avoir transporté d'anciennes peintures sur des fonds de vitres blanches ; il propose le même compromis à ceux qui détruisent les vitres peintes pour éclairer les églises, pourvu toutefois qu'on n'enlève pas justement tout le milieu des tableaux, comme on venait de le faire à Saint-Merry; mais il présente comme un expédient admirable de faire détacher sur une bordure claire ces malheureuses peintures dont on ne veut plus, c'est-à-dire de les rendre plus inintelligibles encore, en détruisant leur magie de transparence.

Tourmenté du désir infructueux de restaurer un art qu'il regarde comme une gloire de famille, et repoussé de l'Eglise, il s'adresse aux grands seigneurs, et leur demande à deux fois, comme par grâce, de faire peindre sur verre *des sujets gracieux dans ces endroits écartés pour la solitude desquels ils s'en rapportent à la gaze.* La requête n'eut pas de succès, à ce que je pense; les peintres-verriers ne purent pas même trouver l'occasion de s'abaisser au niveau des mœurs de l'époque. Au moment de la révolution, l'art était complétement anéanti.

Depuis long-temps il avait cessé d'être, en Suisse et dans les Pays-Bas. Dans la première de ces contrées il s'était soutenu jusqu'au commencement du dix-huitième siècle; j'ignore si la décadence en fut produite par des causes particulières; mais on rencontre souvent des vitres suisses datées des premières années du siècle dernier, où la finesse de l'exécution, la perfection des détails dans les écussons et les armures, ne paraissent pas avoir sensiblement faibli : ce mérite est tel dans la plupart des pièces qui portent des dates du dix-septième siècle, qu'on peut à peine leur comparer quelques unes des vitres capitales du charnier de Saint-Étienne-du-

Mont, regardées en France comme des chefs-d'œuvre.

Dans les Pays-Bas et même en Hollande, l'école, à peine remise des coups portés par la réforme, négligea complétement cette branche secondaire de la peinture sur verre, pour se livrer comme auparavant à la décoration des édifices religieux. Mais dès le commencement du dix-septième siècle, il s'opéra en elle un mouvement qui rendit cette restauration presque inutile. La méthode ancienne s'était soutenue tant que le goût de Florence et de Rome avait dominé la Flandre et maintenu l'empire de la forme aux dépens de la couleur. La révolution commencée par Otto Vénius, et achevée par le puissant génie de Rubens, porta un coup mortel aux procédés primitifs, et particulièrement à l'emploi des verres teints qui charmaient moins les yeux de ces artistes par la franchise de leurs nuances, qu'ils ne les choquaient par leur défaut d'harmonie avec les parties simplement émaillées des anciens vitraux. Le Vieil, toujours précieux par sa naïveté, nous reproduit nettement l'opinion qui dut régner à cette époque, en décrivant une peinture de Diepenbeke, élève de Rubens, et le plus habile peintre-verrier de son temps : « Le

« ton, dit-il, en est à peu près comme des dessins
« lavés. Il y a plus d'harmonie que dans ce que
« le vulgaire admire dans ces vitrages où le beau
« rouge, le jaune et le bleu ne sont qu'autant de
« taches ou de pièces de marqueterie sans intelli-
« gence et sans effet. » Diepenbeke a peint à Bruxelles les vitres de la chapelle de Sainte-Gudule,
parallèle à celle du Saint-Sacrement, décorée
par Rogiers. C'est une espèce de contre-partie
des peintures de ce dernier, où l'empereur Fer-
dinand, l'archiduc Albert et l'infante Isabelle
occupent les places de Charles-Quint et de sa
famille. On voit clairement dans ces ouvrages le
désir d'effacer le mérite de Rogiers par tous
les prestiges de la fusion des couleurs et de la
dégradation des nuances. Bien que l'ambitieux
novateur n'ait pas atteint son but, sa tentative
n'en est pas moins une chose neuve et hardie;
on voit qu'il n'a manqué à l'habile coloriste que
les secours de la science perfectionnée, pour
achever d'un coup une révolution tout entière.
Il ne me semble pas du reste qu'il ait réussi,
même à ses propres yeux, puisqu'on le voit,
quelques années après, abandonner les vitraux
pour recourir aux ressources moins trompeuses
de la peinture à l'huile. Cet infructueux essai

d'un artiste célèbre paraît avoir découragé ses contemporains ; car bien peu d'années s'écoulèrent avant que la pratique de la peinture sur verre eût cessé complétement dans les Pays-Bas.

A l'époque de Diepenbeke, un autre Flamand, nommé Van-Linge, venait de porter en Angleterre cette pratique, ainsi affaiblie et détournée de son caractère réel ; et, par une destinée bizarre, tandis que l'Europe presque entière paraissait renoncer à l'art anciennement cultivé, cette importation était appelée à jeter les fondemens d'une école entièrement nouvelle, « d'un « art, dit M. Brongniart dans son Mémoire, à « peine connu des anciens, et déjà poussé main- « tenant à un rare dégré de perfection, depuis « que les connaissances de la chimie moderne « sont venues à son secours. » C'est effectivement en Angleterre qu'a eu lieu, depuis un siècle environ, le rejet des liens de plomb, qui, dans la direction que la peinture avait prise, étaient devenus, depuis long-temps, moins un secours qu'un obstacle. Il n'est resté que la monture en fer, qui, pour dire la vérité, produit un effet bien plus fâcheux que quand ces lignes moins tranchées se confondaient avec la multiplicité des plombs. La solidité y a aussi beaucoup perdu, et les chances de durée par conséquent ont diminué; car c'est une expérience faite par tous les architectes, que les anciens vitraux sont assez forts pour supporter l'échelle la plus pesante, tandis que les grands carreaux de verre des Anglais se brisent au moindre choc : il est d'ailleurs bien plus aisé de remplacer un morceau de verre de quatre ou cinq pouces, qu'un carreau qui forme à lui seul comme un tableau tout entier; enfin, la dimension des tables de verre et les risques de la cuisson rendent énormes les frais de ce genre de peinture; et quoique les anciens vitraux n'aient jamais été à bon marché, quoiqu'il ait fallu, pour décorer nos immenses cathédrales, la réunion de bien des volontés, et les contributions immenses que le culte prélevait alors sur toutes les classes de la population, on peut croire que ces valeurs, employées en peintures à la manière anglaise, suffiraient à peine aujourd'hui à orner de simples chapelles, ou des églises de village. Si l'on comprend qu'un procédé aussi dispendieux ait pu réussir dans un pays où les classes élevées se complaisent surtout dans ce qu'elles seules peuvent payer, on conçoit difficilement quel succès il serait appelé à obtenir chez nous, où les grandes fortunes, réservées à un plus petit nombre de personnes, sont plus rarement employées à ces dépenses d'ostentation. Quoi qu'il en soit, ces obstacles ne paraissent pas avoir arrêté les Anglais, qui depuis deux siècles ont cultivé sans interruption l'art de la peinture sur verre. L'époque de la plus considérable des entreprises qu'ils aient tentées dans ce genre, est précisément celle où l'art ancien avait disparu dans tout le reste de l'Europe. C'est en 1777 que Jervais exécuta d'après les cartons de Reynolds, dans la chapelle de *New-College* à Oxford, une immense composition représentant la naissance du Christ. Mais si la tentative fut hardie, le succès n'y répondit pas tout entier : au moins l'œuvre de Jervais produit-elle aujourd'hui peu d'impression sur les voyageurs : « La couleur de ces vitres, dit un bon juge en pareille matière, est pâle et blafarde; l'aspect en rappelle plutôt les peintures transparentes exécutées sur une mousseline ou des papiers huilés, et n'offre rien de cet éclat enchanteur que l'on admire dans les anciens vitraux...... »

On ne peut nier que l'art anglais n'ait fait des progrès depuis l'époque de Jervais : les vitres acquises, il y a deux ans, par M. le préfet de la Seine, sur la recommandation de M. le comte de Noë, et qu'on a pu voir long-temps à la chapelle de la Chambre des Pairs, sont, à tout prendre, et abstraction faite du dessin et de la composition, de bonnes peintures sur verre. L'harmonie générale est satisfaisante ; les teintes foncées ne manquent pas d'une certaine vigueur, la possibilité de rendre les carnations complète enfin les ressources de l'art, et lui permet de beaucoup entreprendre sans craindre de les dépasser. La bonne opinion que nous avions conçue des artistes anglais, d'après les productions de M. Collins[*], a été confirmée et même augmentée par l'examen des vitres qu'ils ont exécutées à Paris pour une chapelle de Sainte-Élisabeth, d'après les cartons de M. Abel de Pujol. Appuyés cette fois sur un modèle vraiment historique et monumental, les nouveaux peintres-verriers ont déployé avec plus d'avantage toutes les ressources de leur riche palette. Le saint Jean-Baptiste surtout est traité avec une vigueur de clair-obscur auquel nous convenons n'avoir jamais rien vu de comparable. Le nouvel art enfin, sans avoir perdu aucun des inconvéniens qu'on a signalés plus haut, semble arrivé bien près de l'état de perfection qu'il comporte; et si, dans la place que ces vitraux occupent, ils font plutôt l'effet d'un objet de curiosité et d'amusement que d'une chose impotante et sérieuse, on doit s'en prendre de cet inconvénient, non pas au talent des peintres-verriers, qui n'est pour rien dans cette impression, mais au peu d'accord qui existe entre la peinture sur verre ancienne ou moderne, et le style aujourd'hui en usage pour les monumens religieux.

C'est effectivement là l'obstacle véritable à ce que l'art importé, malgré les faveurs de l'administration, prenne un grand développement parmi nous. C'est ce qui explique la froideur avec laquelle ont été accueillies les tentatives souvent heureuses faites depuis trente ans en France, non seulement par M. Dilh, mais encore par MM. Leclair, Legros, et surtout par M. Mortelègue : c'est ce qui montre pourquoi une vitre, exécutée d'après l'ancien procédé par M. Paris, mais placée dans une église moderne (à la Sorbonne), sur un fond de vitres blanches, n'a pas été plus remarquée : c'est ce qui justifie en partie l'indifférence dont Paris vient de se rendre coupable à l'égard d'un jeune peintre suisse du plus grand talent, M. Jacob Müller, dont les ouvrages, exécutés dans le sentiment de finesse des anciens vitraux de son pays, ont excité à l'exposition de Berne, en 1824, un véritable enthousiasme. Les arts, comme tout le reste, doivent répondre à un besoin réel de l'esprit humain, et ne sauraient vivre qu'à ce prix. Le sentiment le plus grossier de leur convenance repoussera toujours de nos constructions imitées de l'antique, et où les fenêtres n'occupent qu'une faible partie des surfaces, un genre de décoration exclusif, capable d'éteindre autour de lui l'effet de tous les autres ornemens, et applicable uniquement à un style d'architecture où il s'emparait de la presque totalité des surfaces. Il faudra donc, si l'on tient à l'employer, lui trouver un asile dans de petites chapelles, des sacristies, espèces de boudoirs religieux, où l'on sacrifiera tout à une coquetterie mondaine que le culte aurait dû depuis long-temps proscrire; sinon, et c'est un avis que nous n'ouvrons qu'en tremblant, on pensera à ramener l'art à sa destination primitive, en lui rouvrant nos sanctuaires gothiques, presque tous dépouillés de leur ancienne parure : je dis en tremblant, car, ou bien, ce que je me plais à croire, le génie moderne n'est pas entièrement déshérité de cette inspiration poétique qui crée dans les arts : et pourquoi, dans ce cas, nuire au développement des talens originaux, en employant nos ressources à des copies? ou bien les élémens dont la réunion, fort rare dans tous les siècles, fait qu'un peuple invente dans les arts autres que la poésie, sont prêts à s'éteindre; et alors, quelle triste ressource que ce galvanisme impuissant qu'on a décoré tant de fois du nom de résurrection ! Mais enfin (qu'on nous pardonne cette faiblesse d'antiquaire) il ne s'agirait que de recompléter ce qui existe pour la plus grande partie; il ne serait même question que de rendre à nos monumens historiques, à Saint-Denis, à Reims, à Notre-Dame, ce qui manque à leur restauration : n'y-a-t'il pas là quelque chose de bien plus décidé que ce que l'administration municipale a fait jusqu'à ce jour ? Ne vaudrait il pas mieux s'arrêter à un parti, qui, à tout prendre, offre tant d'avantages, que de s'ingénier à trouver quelque petite place aux nouvelles peintures dans des édifices qui les repoussent comme incompatibles avec le style de leur construction ?

C'est donc parce que nous ne voyons, quoi qu'on fasse, dans la peinture sur verre, qu'un art ancien et applicable seulement à des monumens anciens, c'est pour cela que nous montrerons toujours une préférence marquée pour les essais qui auront pour but de restaurer l'art, tel qu'on le pratiquait aux quinzième et seizième siècles. Un artiste français, M. P. Robert, paraît devoir rendre un pareil résultat probable, non qu'il ait été étranger au mouvement de la chimie moderne, et qu'en cherchant les anciens secrets il ait négligé de s'enrichir des découvertes nouvelles; mais après avoir, depuis quelques années, donné la preuve remarquable de son habileté dans des genres inconnus aux siècles passés, tels que la peinture des fleurs et celle des carnations, tous ses efforts paraissent s'être concentrés, non seulement à restituer l'art de la peinture sur verre tel qu'il était cultivé à sa plus belle époque, mais encore à lui donner ce qui lui manquait. A cet effet, il s'est bien gardé de renoncer aux plombs, sans lesquels on ne peut faire usage des verres teints, mais il a songé à les faire concourir, comme autrefois, à l'effet général par les oppositions qu'ils produisent, eu égard à la distance de l'œil du spectateur, où le vitrail doit être placé. Deux essais, que tout le monde a pu voir aux expositions de la manufacture de Sèvres, ont donné la mesure des espérances que M. P. Robert fait concevoir : le premier est une copie exacte de deux compartimens des vitraux de la Sainte-Chapelle; dans l'un desquels l'artiste a seulement ajouté les carnations; cette addition a paru inutile, et peu convenable dans un genre qui, appliqué à des monumens imparfaits sous le rapport du dessin, doit se réduire à la plus minutieuse imitation. M. Robert, à l'époque où il exécuta cette copie, ne possédait pas encore le secret du beau rouge purpurin qu'il a fait fabriquer depuis d'une manière très satisfaisante à la verrerie de Choisy, mais qu'il fut alors obligé de remplacer par une teinte un peu moins belle. Le second essai, beaucoup plus remarquable de tous points, est une copie exécutée par M. Constantin, sous la direction de M. Robert, de la *Madone au coussin vert*, de Solario. Dans cet ouvrage, les draperies, les cheveux, le paysage, sont rendus dans le sentiment des meilleurs vitraux du seizième siècle; et les carnations, légèrement rembrunies, produisent un meilleur effet que toutes celles des autres vitres modernes, tant anglaises que françaises, dont les teintes claires et rosées rappellent plus les enluminures des manuscrits, que le ton vrai et profond que donne la peinture à l'huile. Dans ce moment, M. Robert, en faveur duquel un atelier spécial de peinture sur verre a été créé à la manufacture de Sèvres, exécute d'après les cartons de M. Delorme et les dessins de M. Lebas, pour les ornemens, plusieurs grandes fenêtres pour la sacristie de la nouvelle église de Notre-Dame-de-Lorette. M. P. Robert ne pourra être définitivement jugé que d'après cette grande entreprise; mais nous n'avons pas besoin de dire que nos vœux et nos espérances sont pour lui.

Les idées dans lesquelles ce Mémoire est rédigé ne sont point le fruit d'une étroite partialité nationale, mais le résultat d'un système complet, dans lequel toutes les tentatives nouvelles, de quelque contrée qu'elles partent, viennent invariablement se placer à leur rang. C'est donc avec une joie véritable que nous voyons notre opinion confirmée par l'exemple d'un pays où l'architecture gothique et toutes les branches de l'art qui s'y rapportent sont depuis quelques années l'objet d'une admiration non moins vive, et d'une étude mieux dirigée qu'en Angleterre. Un prince cher aux arts qu'il protége en les cultivant, le roi de Bavière, a commandé l'année dernière deux vitraux de grande dimension pour la cathédrale de Ratisbonne. La composition, dans le goût de l'ancienne école allemande, en appartient au professeur Hess. M. Franck, directeur de la manufacture royale de porcelaine à Munich, et M. Schwarz de Nuremberg, les ont exécutés d'après ses dessins. On retrouve d'ailleurs dans la description que les journaux allemands donnent de ces vitraux, tous les élémens et les prétendus inconvéniens de l'ancienne école, tels que nous les avons décrits. Il ne paraît pas néanmoins qu'à Munich, où ces vitraux viennent d'être exposés, aucune réclamation se soit élevée en faveur de l'école nouvelle, qu'on ait même pensé qu'il fût possible de déroger aux principes des anciens maîtres : c'est effectivement là, et quand il ne sera plus, grâce à Dieu, question d'autre chose que de décorer les églises gothiques, c'est là qu'il faudra que tout le monde en revienne une plus longue pratique dans la fabrication des verres teints suffira pour qu'on obtienne d'aussi beaux échantillons qu'autrefois. Alors, il ne manquera plus rien pour qu'on remonte au même point qu'avant la décadence, rien, que la réunion dans une même personne des qualités du savant et de celles de l'artiste, c'est-à-dire le moyen âge tout entier: un pareil miracle serait possible, que tout notre amour pour les anciens vitraux ne nous déciderait pas à le désirer!

CHAPITRE XXII.

Suite de la Peinture sur verre.

(5 août 1831.)

La manufacture de Sèvres, si justement célèbre par la beauté de ses porcelaines, a exposé dans le salon octogone attenant à la galerie d'Apollon, deux grands vitraux destinés à la chapelle du château de Randan, et représentant *l'Espérance et la Foi*. Ces échantillons importans d'une branche de l'art qui ne fait que de renaître ont été exécutés par M. Vatinelle, sur les cartons de M. Béranger. Déjà, à la dernière exposition des manufactures royales, dans les premiers jours de 1830, on avait admiré un vitrail de très grande dimension, l'*Assomption de la Vierge*, sorti également des ateliers de la manufacture de Sèvres. C'est une chose remarquable que dans l'état précaire où l'on a laissé les établissemens dépendans de l'ancienne liste civile, l'activité de la manufacture de Sèvres se soit soutenue au point d'amener des résultats dignes d'un temps de prospérité. On sait comment ont commencé les nouveaux essais de peinture sur verre. Depuis long-temps M. Brongniart avait conçu le projet d'introduire à Sèvres les procédés des anciens peintres-verriers, quand M. le comte de Noë, à qui ces tentatives étaient probablement inconnues, fit venir à grands frais d'Angleterre des artistes appartenant à l'école dégénérée qui a rempli Oxford et Westminster de vitraux sans caractère et sans effet. L'apparition de ces rivaux qui nous arrivaient d'outremer ayant fixé quelques momens l'attention publique, M. Brongniart profita de l'occasion pour faire consentir l'ancienne administration à ce que la manufacture de Sèvres consacrât une partie de son budget aux travaux de la peinture sur verre.

Il ne faut pas croire pour cela que les tentatives faites en France eussent été beaucoup mieux dirigées que celles des artistes anglais. On s'était, il est vrai, occupé avec succès de la recherche des anciens procédés pour le colorage des verres. Dans cette recherche, M. Brongniart avait été puissamment secondé par M. Dilh d'abord, puis par M. Mortelègue, chimiste dont la réputation n'est pas à la hauteur des services qu'il a rendus à la science. Mais ce qui dès l'origine constitua une différence entre les travaux des peintres anglais et les essais de la manufacture de Sèvres, c'est que les premiers se contentaient de peindre sur le verre, tandis qu'à Sèvres on comprenait l'avantage d'introduire comme moyen d'effet dans les vitraux, les verres peints dans toute leur épaisseur, et rapprochés au moyen des plombs en usage chez les anciens verriers. L'erreur dominante toutefois, celle qui encore cette année nuit à la perfection des vitraux de Sèvres, c'est la prétention, commune à tous, de faire des tableaux sur verre. Or, pour qui voudra considérer attentivement la nature de ce genre de peinture, et surtout la transparence obligée de toutes les parties de la composition, cette prétention est inadmissible. Telle n'était pas non plus l'idée des hommes habiles dont nous admirons encore les ouvrages dans tant d'églises gothiques et de la renaissance; on voit que leur volonté constante a été de ne faire que de grandes mosaïques, qui, interposées entre l'œil et la lumière extérieure, brillassent d'un éclat presque surnaturel. Il ne s'agit donc ici que d'une peinture tout exceptionnelle, dans laquelle la vérité absolue de l'imitation doit être sacrifiée aux conditions bien autrement importantes de la décoration. Sous ce rapport, les vitraux de Sèvres laissent beaucoup à désirer.

C'est une faute, selon nous, d'avoir disposé autour des figures un si large bandeau de grisailles : la masse considérable de lumière qu'il laisse passer assombrit nécessairement la partie la plus importante du vitrail ; le même reproche peut s'adresser au vaste champ que le peintre a donné pour fond au tableau ; cette faute n'a pas été commise dans les anciennes peintures, dont les têtes constituent presque toujours la partie la plus claire ; mais ce qui nous paraît tout-à-fait répréhensible, c'est le travail des chairs, où se lit encore l'intention de modeler en couleur, comme dans un tableau à l'huile. Sous ce rapport, nous le disons à regret, on trouve beaucoup plus d'intelligence des véritables ressources de la peinture sur verre, dans l'essai isolé fait par M. Vigné, d'une tête de l'empereur Henri II, d'après le carton de M. Hesse. Ici, le relief, beaucoup plus fort que dans les vitraux de Sèvres, est obtenu au moyen de larges hachures qui mordent avec avantage sur la lumière. Le Vieil, auteur d'un très bon livre sur la peinture sur verre, que M. Vatinelle devra relire avec soin, dit quelque part que le travail du peintre-verrier ne diffère en rien de celui du graveur au burin. C'est effectivement, dans l'un comme dans l'autre procédé, un fond brillant qu'on réserve pour les lumières, et sur lequel les ombres sont tracées au moyen de tailles noires plus ou moins épaisses, plus ou moins serrées. La seule différence consiste dans les teintes plates que donnent des verres colorés, et qui produisent dans la peinture sur verre une variété d'effet que la gravure au burin ne connaît pas. Quant aux espérances qu'a formées la chimie moderne d'arriver à la dégradation des tons, comme dans toute autre peinture, au moyen du perfectionnement des couleurs sur émail, il est certain, à l'exception de quelques teintes qui se rapprochent du noir, et qui peuvent être employées dans le fond des draperies, que le but qu'on s'est proposé n'est rien moins que celui de l'art. J'engage donc nos nouveaux peintres-verriers à concentrer leurs expériences chimiques sur le colorage des verres en plein, pratiqué, quoi qu'on en dise, avec beaucoup plus de succès par les anciens maîtres que par les modernes, et à suivre fidèlement pour le reste la pratique de l'école de Pinaigrier, celui des artistes du quinzième siècle qui nous paraît avoir le plus profondément compris toutes les ressources de son art.

Il n'y a, du reste, que des éloges à donner au soin religieux avec lequel, à part tout système, les vitraux de la manufacture de Sèvres ont été exécutés. Peut-être doit-on regretter que tant de patience et d'exactitude n'aient pas eu lieu de s'exercer sur des modèles d'un goût plus pur et d'un plus grand caractère que les cartons de M. Béranger. Nous le disons avec toute franchise, c'est un malheur pour un établissement de renfermer de ces hommes qui, dans un cercle étroit, peuvent passer pour des talens supérieurs, mais dont les productions ne supportent pas le grand jour de la publicité. Certes, si la manufacture de Sèvres n'eût pas compté au nombre de ses peintres un homme tel que M. Béranger, qui a fait sur porcelaine une admirable copie d'après Rubens, et qui de plus s'est distingué par des compositions faciles et des peintures d'une bonne couleur, le directeur eût été tout naturellement porté à demander les modèles de vitraux aux premiers talens de l'école; c'était le moyen d'obtenir en même temps et un patron meilleur et une plus saine direction de travail. M. Béranger a été préféré, peut-être parce qu'il coûtait moins, surtout parce qu'il était là, et qu'on se sent toujours entraîné à donner la préférence aux siens. Cette préférence n'a pas tourné au profit des deux vitraux. Il paraît au reste que l'inconvénient que nous venons de signaler a été senti par M. Brongniart. On annonce que les cartons d'un nouveau vitrail destiné à la chapelle du château d'Eu ont été commandés à MM. Paul Delaroche et Chevanard; nous félicitons le directeur de Sèvres du choix de ces deux artistes, qui assure à la manufacture des modèles comme on lui en voudrait toujours.

Nota. Le vitrail de la chapelle du château d'Eu, représentant *Sainte-Amélie de Bohême*, a obtenu un succès mérité à l'exposition des manufactures royales de janvier 1833.

FIN DU PREMIER VOLUME.

TABLE DES MATIÈRES
DU TOME PREMIER.

                                                                   Pag.

CHAPITRE PREMIER. — Le Louvre. (25 janvier 1831)............ 1
CHAP. II. — Bruits sur l'ouverture du salon.................. 11
CHAP. III. — Exposition du Louvre. — Jury. — Académie des beaux-arts. (22 mars) 15
CHAP. IV. — Coup-d'œil général. (4 mai).................. 24
CHAP. V. — Sculpture... 31
CHAP. VI. — Marines... 43
CHAP. VII. — Portraits... 52
CHAP. VIII. — MM. Decamps, Roger, Jeanron, Roehn fils, etc. — Mesdames Haudebourt, Pagès, etc........... 62
CHAP. IX. — Paysages.. 76
CHAP. X. — M. Horace Vernet. — Buste de Goethe, par M. David... 88
CHAP. XI. — M. Léopold Robert............................. 101
CHAP. XII. — Les classiques................................... 112
CHAP. XIII. — M. Schnetz. — M. Pradier.................. 126
CHAP. XIV. — M. Paul Delaroche............................ 140
CHAP. XV. — M. Edouard Bertin. — M. Henriquel Dupont. — Les Croix d'honneur............................ 153
CHAP. XVI. — Conclusion.. 166
CHAP. XVII — Visite du Roi. (17 août 1831)............... 181
CHAP. XVIII. — Buste de M. de Châteaubriand, par David... 187

	Pag.
CHAP. XIX. — La Barricade de M. Delacroix. (Fragment)...	195
CHAP. XX. — Recueil de dessins de tapis, tapisseries et autres objets d'ameublement exécutés dans la manufacture de MM. Chenavard. 1 vol. in-fol.................	198
CHAP. XXI. — De la peinture sur verre.....................	209
CHAP. XXII. — Suite de la peinture sur verre............	255

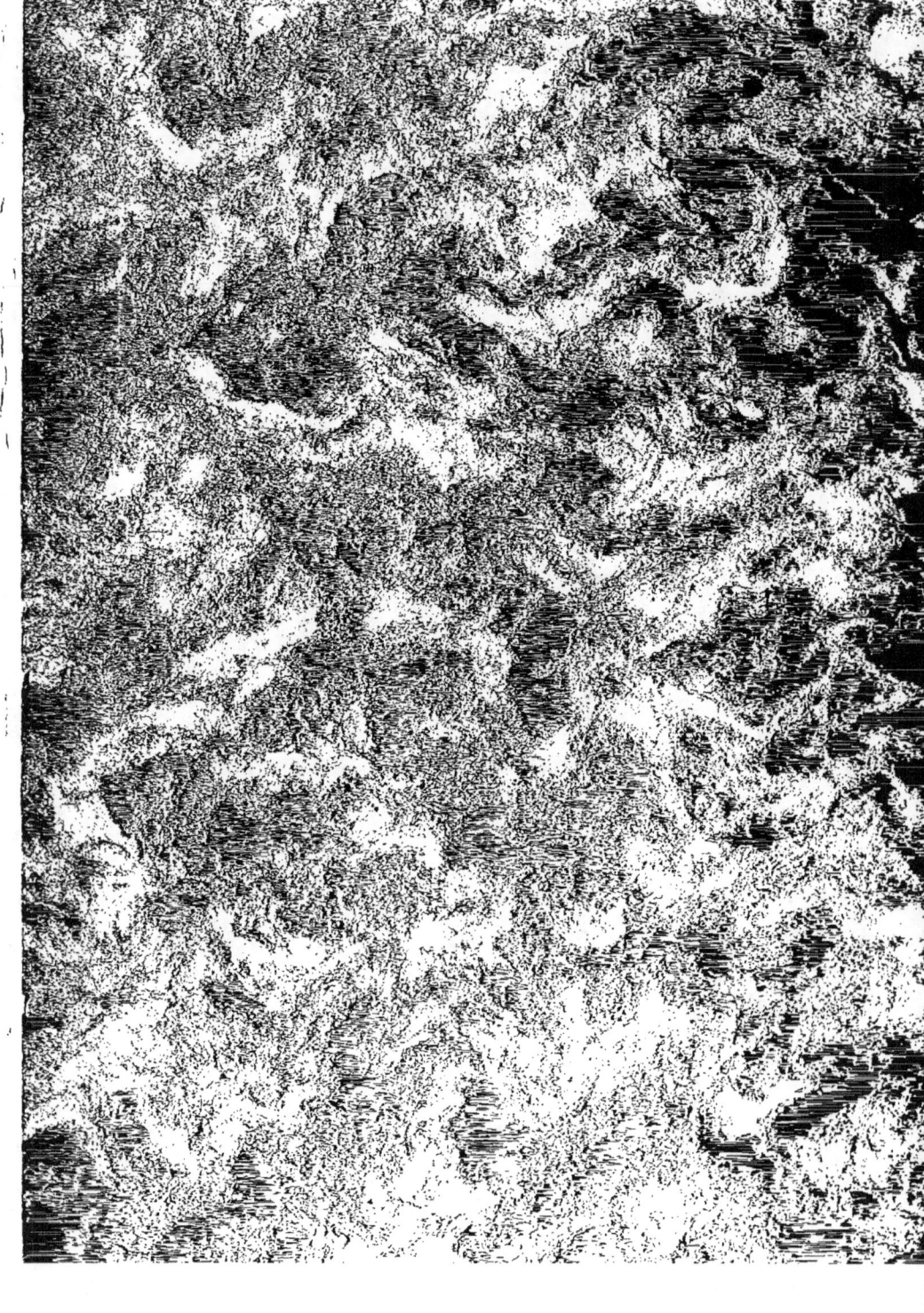